KB189757

말씀 심는 아빠

자녀를 하나님의 사람으로 키우는 최고의 아빠

말씀 심는 아빠

이형동 지음

규장

내 멋진 서방님, 당신은 하나님 아버지를 닮은
참 멋지고 좋은 아버지입니다!

당신을 존경하고 사랑하는 아내 백은실

사 남매와 갈등이 있던 날, 남편은 아이들 한 명 한 명에게 사
과를 전했다. 나는 자신의 부족함과 용서를 구하는 그 모습에
감격해 울먹이며 아이들에게 말했다.

"너희는 좋겠다. 이렇게 좋은 아빠를 두어서…."

내 아버지로부터 진심 어린 사과나 사랑을 받아보지 못했기
에 아이들이 정말 부러웠고, 그런 남편이 참 고마웠다. 그런데
수일이 지나 아이들에게 들은 한마디에 웃음이 터졌다.

"아빠 덕분에 감동이 차오르려는데 엄마 말 때문에 감동이 와
장창 깨져 눈물이 쏙 들어갔어요."

내가 굳이 말하지 않아도 아이들은 이미 다 알고, 느끼고 있
었다.

남편과 한 이불을 덮고 지낸 지 이십 년째다. 아이들은 "엄마를 향한 아빠의 콩깍지는 유통기한이 없나 봐요"라고 늘 말한다. 한결같고 변함없이 내 편이 되어주는 남편은 사 남매를 향해서도 마찬가지다. 아롱이다롱이인 아이들에게 사랑을 고르게 나눠주며 든든한 지원과 격려를 아끼지 않는다.

　그런 남편이 이 원고를 쓰는 동안 몇 번이나 노트북을 덮었다. 출판사에 보낸 뒤에도 "나는 이런 책을 쓸 자격이 없는데…"라며 염려했다. 하지만 나는 "아빠에 관한 책을 쓴다면 당신만 한 적임자가 없어요"라고 적극 독려했다.

　육신의 아버지의 중독과 폭력, 가난과 고난 속에서 하늘 아버지의 사랑으로 회복되어 복음의 능력으로 살아왔던 그의 지난날을 잘 알고 있기 때문이다.

　남편은 보고 배울 건강한 아버지의 표본이 없었음에도, 자신의 부족함과 실수를 아이들 앞에서 합리화하지 않았다. 오랜 시간 가장 가까이에서 남편이 좋은 아버지가 되기 위해 몸부림치며 애쓰는 모습을 지켜봤기에 그 누구보다 이런 책을 쓰기에 충분한 자격이 있다고 생각했다.

　사실 남편을 위해 기도할 때마다 눈물이 먼저 차오른다. 그의 지나온 여정이 쉬웠던 적이 단 한 번도 없었다. 그때마다 나는 주님께 따져 물었다.

'이 사람의 고단한 삶을 가장 잘 아시면서, 왜 이렇게 좁은 길로만 가게 하시나요?'

하지만 하나님께서 남편을 나보다 더 사랑하심을 여러 모습으로 보여주셨다. 그에게 부어주신 크신 하나님의 사랑이 흘러넘쳐 아이들에게 닿고, 믿음의 가정으로 세워지는 마중물이 되었다. 이제는 그 사랑이 이 책을 읽는 독자에게 흘러가길 기대한다. '말씀 심는 엄마 백은실의 남편'이 아닌 사 남매에게 '말씀 심는 아빠'로서 자격이 충분한 남편의 이야기가 믿음의 세대를 세우는 귀한 도구로 사용되길 소망하며 기도한다.

남편의 출간 깜짝 선물로 사 남매의 메시지를 담았다. 아이들의 이 고백이 아버지로 살아가는 그의 여정에 작은 힘과 용기가 되었으면 좋겠다.

언제나 나를 지켜주는 슈퍼 영웅 아빠

첫째 이조이(19세)

아버지가 '하나님을 닮아가는 아빠'라는 가제로 책을 쓰기 시작하셨다. 나는 제목을 듣고 많은 생각이 들었다.

'아버지는 왜 그렇게 하나님을 닮아가려고 하실까?'

아버지가 이른 아침에 하나님 앞에 꿇는 무릎 기도는, 우리를 향한 하나님의 사랑(요 3:16)을 흘려보내기 위한 아버지의 눈물이자 사랑이었다. 내게 아버지는 변함없는 사랑으로 날 사랑해주시며, 날 위해 무릎이 닳도록 기도하는 분이다. 하나님을 닮아가려고 애쓰시는 아버지의 모습은 당연한 게 아니었다. 나를 사랑하사 죄에서 해방시켜주신 예수님의 십자가를 짊어지고 그분을 따라가는 순교의 삶이었다.

덕분에 하나님의 말씀을 내 안에 심을 수 있었고, 나도 내 자녀들에게 흘려보낼 하나님의 사랑을 배우는 중이다.

아버지의 집필 소식을 듣고 함께 기도하면서 우리와 함께한 이야기가 아닌 아버지 한 사람의 간증이 되었으면 좋겠다고 생각했다. 하지만 이 책의 핵심인 아버지란 존재를 위해서는 사 남매 이야기가 빠지면 안 될 것 같았다. 《말씀 심는 아빠》는 우리와 아버지를 통해 계획하신 놀라운 하나님의 은혜라고 말하고 싶다.

언제나 늘 곁에 있어 주는 든든한 아빠, 외로울 때 친구가 되어주는 아빠, 질문에 항상 답해주는 선생님 아빠, 나를 지켜주는 슈퍼 영웅 아빠에서 전 세계의 모든 아버지를 위로하며 함께 하나님을 닮아가는 말씀 심는 아빠가 되시기를 마음 다해 축복한다.

"아버지, 사랑하고 축복해요!"

아버지, 우리 집 신앙 파수꾼

둘째 이온유(17세)

아버지는 내게 친구이고 선생님이자 이야기책이다. 내 아버지지만 내가 겪어보지 못한 인생, 누군가의 삶이기 때문이다. 무엇보다 아버지는 우리 가정의 파수꾼이다. 우리 집의 신앙과 행복을 지키려고 누구보다 안간힘을 쓰신다. 가끔 그게 짜증 나고 화가 날 때도 있지만 아버지의 삶과 더불어 보면, 아버지에게 우리 가정이 얼마나 소중한 선물인지 알 수 있다. 또 그만큼 우리 가정에 아버지는 너무나 소중한 선물이다.

하나님께서 아버지를 우리에게 선물로 보내주신 것처럼 아버지의 글이 선물 같은 책이 되어 모든 사람의 마음을 울렸으면 좋겠다.

요즘 아버지가 집에서 이상한 개그를 많이 하면서도 이렇게 진지한 책을 써내신 게 너무 자랑스럽다. 어려운 가정에서 자라셨지만 예수님을 만나 행복한 가정을 이루려고 항상 노력하시는 모습을 봐 왔기에 책이 나온다는 사실이 더 감동이다.

책에 나오듯이 삐뚤어질 수밖에 없는 환경에서 예수님을 만나 삶을 긍정 에너지로 바꾸신 것처럼, 아버지의 글이 힘든 누군가에게 위로가 되며 예수님을 알게 하는 계기가 되었으면 좋겠다.

"아버지, 진짜 진짜 사랑하고 축복해요. 제게 해주신 모든 것에 감사해요!"

든든한 기둥 같은 아빠

셋째 이사랑(14세)

아빠는 항상 우리에게 자신이 '부족한 아빠'라고 말씀하신다. 그 말을 들으면 괜히 억울해서 속으로 말한다.

'나는 그렇게 생각을 안 하는데, 왜 아빠는 자신을 계속 낮추시지?'

그래서 요즘은 "아빠는 이미 좋은 아빠니까, 그런 생각 하지 마세요"라고 말씀드린다. 내게 누군가 "아빠가 좋아? 엄마가 좋아?"라고 물으면 망설임 없이 "아빠"라고 대답한다. "사랑이는 아빠 스타일"이라고 말씀하시는 아빠는 언제나 내 편이다.

어렸을 때부터 아빠와의 추억이 엄청 많다. 여기저기 함께 놀러 가고, 집에서 온몸으로 일명 '아빠 놀이터'를 매일 열어주시고, 그림 성경이나 동화책을 밤에 자기 전에 꼭 읽어주신 기억이 새록새록 떠오른다.

그리고 아빠는 우리에게 올바른 신앙을 심어주려고 애쓰신다. 암송을 하거나 성경을 읽는 것이 귀찮을 때도 있지만, '아빠가 심어주신 신앙이 없었다면 지금 내 삶은 어땠을까'라고 생각할 때도 있다.

나를 언제나 도와주시고 바른길을 알려주시는 아빠는 내겐 '기둥' 같은 존재다. 기둥이 무너지면 건물 전체가 무너지듯 아빠가 없으면 난 뭐든 오래 버티지 못했을 거다. 감사하다는 표현을 더 많이 못 해서 죄송하지만 난 항상 아빠를 엄청 많이 사랑한다.

"아빠, 사랑해요!"

아빠가 있으니까 괜찮아

넷째 이시온(11세)

아빠는 내가 없으면 못 사실 것 같다. 왜냐하면 내가 매일 약을 챙겨드리고, 힘들어하시면 마사지해드리고, 아침마다 안아드리고 수시로 사랑을 충전해드리기 때문이다. 하지만 나도 아빠가 없으면 못 살 것 같다. 아빠는 항상 내게 힘이 되어주는 분이다. 내가 힘들면 도와주시고, 내게 어려운 일이 있으면 공감해주신다.

또 무슨 일이 있어도 사랑해주신다. 내가 유리를 깼을 때 "안 다쳤어? 괜찮아?" 하고 먼저 물어봐주시고, 뭔가를 고장 내도 얼른 와서 고쳐주신다. 내가 언니, 오빠들과 싸워서 혼날 때도 마지막에는 항상 위로를 해주신다. 또 우리가 삐쳤을 때도 어떻게든 화를 풀어주신다.

아빠가 항상 "아빠가 있으니까 괜찮아"라고 말씀하시는데,

난 그 말을 들을 때 안심이 되고 참 좋다.

"아빠, 그동안 제게 힘이 되어주시고, 언제나 저를 챙겨주시고 사랑해주셔서 감사해요. 제가 아빠 딸이어서 참 다행이에요. 아빠, 사랑해요!"

하나님을 닮은 아빠,
말씀 심는 아빠

충분히 좋은 아빠

무신론자들이 아버지의 부재와 폭력에 영향을 받은 공통점을 소개한 책을 읽은 적이 있다. 육신의 아버지의 부재나 학대는 하나님 아버지에 대한 부정적인 뿌리가 된다는 내용이었다. 그러나 복음은 그런 세상의 논리를 반박하기에 충분함을 내 삶에 역사하신 하나님 아버지를 통해 알 수 있었다.

이 책은 알코올 중독자 가정에서 자라 아버지의 폭력과 사춘기 시절 아버지의 부재를 겪고 세월이 흘러 가정을 이룬 한 사람의 이야기이다. 나를 지금까지 인도해주신 하나님 아버지께서 믿음의 가정을 허락해주시고 내 삶에 전에 없던 새로운 이야기를 써 내려가시는 걸 목도했다.

참사랑을 가르쳐주신 하나님 아버지께서 우리 가정에 역사하신 은혜를 나누고 싶었다. 극적인 기적의 사건이 아닌, 그냥 지나칠 수도 있는 소소한 일상에서 발견한 하나님의 은혜를….

"기록은 기억을 이긴다"라는 말이 있지만 기록의 목적은 결국 기억하기 위함이다. 성경은 하나님께서 행하신 일들을 기억하고 기념하게 하셨다. 나는 하나님께서 우리 가정에 부어주신 은혜의 순간을 놓치지 않기 위해 기록하고 또 기록했다.

행복했던 순간뿐만 아니라 고통스러웠던 순간까지, 하나님께서 허락하신 가정의 이야기 중 한 부분도 놓치고 싶지 않았다. 하지만 기록해놓은 모든 이야기를 담지는 않았다. 정말 부끄러운 모습은 밝히기 두려워 꼭꼭 숨겨놓았다.

즐거울 때뿐 아니라 슬프고 힘들 때도 하나님은 여전히 우리 가정에 참 아버지가 되어주셨다. 나는 하나님 아버지처럼 모든 순간에 아이들과 함께하고 싶은 아빠다.

좋은 아빠는 어떤 아빠일까? 계속 스스로 질문한다. 난 아무리 생각해도 아이들에게 좋은 아빠인지 모르겠다고 푸념하듯 말을 건넸더니, 아내가 망설임 없이 말했다.

"아이들에게 복음을 전하는 아빠가 좋은 아빠예요. 당신은 아이들에게 성경도 읽어주고 말씀도 들려주고 신앙을 물려주었잖아요. 충분히 좋은 아빠예요."

아내의 명쾌한 답이 힘을 주었다. 하나님이 기뻐하시는 아빠의 모습은 아이가 원하는 대로 모든 걸 채워주는 것이 아니라 아이의 영적인 필요를 채워주는 아빠일 것이다. 아이들이 하나님 아버지를 만날 수 있도록 복음을 들려주고, 말씀을 삶으로 써 내려가는 것이 아빠의 사명이다.

진리가 아이들을 발견하도록

아내와 나는 둘째 아이부터는 태중에 있을 때부터 암송으로 축복해주었다. 아내가 온종일 암송하며 태중에 있는 아이에게 말씀을 들려주었고, 나는 저녁마다 아내 배를 어루만지며 들려주었다. 복중에 짓기 전에 이미 이 아이를 알았다고 하신 말씀을 약속의 말씀으로 붙들고 기도했다.

우리 부부가 아이들에게 말씀을 심는 건 아이들이 진리를 발견하는 과정 이전에 진리가 아이들을 발견하도록 하기 위함이다. 암송은 예수님 이전 시대 믿음의 선배로부터 시작해 예수님과 이후의 모든 세대가 지켜온, 하나님의 말씀을 듣는 가장 탁월하면서도 확실한 방법이다.

세대가 변해 주입식 교육에 대한 부정적 인식이 높아지고 있다. 하지만 나는 우리 아이들이 암송한 말씀을 통해 세상을 살힘을 얻을 뿐 아니라, 세상을 품고 세상에 선한 영향력을 끼치게 될 줄 믿기에 오늘도 아이들 마음에 말씀을 새긴다.

믿음의 자녀로 키우길 원한다면

책을 쓰면서 두 가지 소망을 품었다. 하나는 아빠와 함께한 행복한 순간과 신앙 경험을 아이들에게 글로 남겨주고 싶었고, 또 하나는 믿음의 자녀로 키우기를 원하는 단 한 사람의 아빠에게라도 도움이 되길 바랐다.

내 인생의 첫 책은 부부에 관한 내용을 담고 싶었지만, 이 책을 먼저 써보라는 아내의 권면에 용기를 낼 수 있었다.

원고를 투고하고 출간하기까지 아이들은 아침과 저녁, 하루에 두 번 이 책을 위해 기도해주었다. 기도로 내게 힘과 용기를 준 사랑하는 조이, 온유, 사랑, 시온이에게 고마운 마음을 전한다. 이 아이들은 누구도 줄 수 없는 '아빠'라는 자격을 내게 부여해주고 정체성을 깨닫게 해준 고마운 동역자들이다. 그리고 한결같은 사랑으로 남편을 세워주고 존경해주는 아내 백은실에게도 진심 어린 고마움과 사랑을 전한다.

우리 가정이 말씀암송 자녀교육과 가정예배를 드릴 수 있도록 격려와 사랑으로 가르쳐주신 영원한 멘토, 고 여운학 장로님, 말씀심는교회를 위해 아낌없는 지지와 기도로 동역해주시고 무명한 자의 책을 출간해주신 규장 여진구 대표님과 편집팀에게 감사드린다.

우리 가정의 이야기가 믿음의 모든 가정에 똑같이 적용될 수는 없을 것이다. 그러나 하나님께서 믿음의 자녀로 키우길 소망하며 보이지 않은 미래에 한 걸음 한 걸음을 내딛는 모든 가정을 그대로 인정해주시고 인도해주시리라 나는 믿는다.

하나님이 나의 참 아버지여서 정말 좋다!

너희가 아들이므로 하나님이 그 아들의 영을 우리 마음 가운데 보내사 아빠 아버지라 부르게 하셨느니라 갈 4:6

추천의 글
프롤로그

PART 1

상한 갈대를 꺾지 않으시는 하나님 아버지

chapter 1 참 아버지를 만나다

chapter 2 아빠가 되어가는 아빠

PART

1

상한 갈대를 꺾지 않으시는 하나님 아버지

참 아버지를 만나다

부끄러운 아버지

어릴 적 우리 가정은 벼농사도 제법 지었고 복숭아 과수원도 있었다. 나는 복숭아가 익어갈 즈음 과수원 옆을 지날 때면 친구들에게 선심 쓰듯 하나씩 따주곤 했다.

아버지는 농사도 열심이었고, 어머니를 위해 집안일도 곧잘 도와주었다. 그런데 언제부턴가 술에 취해 있는 날이 점점 많아지더니, 가족에게 폭력을 행사하는 횟수가 늘어났다. 취한 아버지에게 가족과 집은 항상 때리고 부숴야 하는 적이었다. 집에 들어오면 가재도구를 밖으로 집어 던지고 작은 체구의 어머니를 몹시 괴롭혔다. 어머니는 몸부림치며 저항했지만, 아버지가 술의 힘을 빌려 행하는 폭력에는 속수무책이었다.

어느 날, 아버지의 폭행으로 바닥에 쓰러진 채 의식을 잃은 어머니를 보고 나와 작은누나가 울며 흔들어 깨웠다. 다행히 어머니는 의식을 찾았고, 우리는 어머니가 죽었을지도 모른다는 공포감에서 헤어 나올 수 있었다. 어머니는 성치 않은 몸으로 아버지가 내던진 물건을 다시 주워왔다. 그리고 아버지가 잠들 때까지 우리를 데리고 어두컴컴한 부엌에 숨어있었다.

당시 나는 대여섯 살 정도밖에 되지 않았기에 이런 모습을 가장 많이 목격했지만, 어머니를 지키기에는 너무나 연약한 어린애였다.

점점 아버지는 우리 모두의 두려움과 공포의 대상이 되었다. 하루도 거르지 않고 취해 비틀거리며 걸어오는 아버지의 발소리에 동네 개들이 짖어대면, 내 심장도 쿵쾅거리며 요동쳤다. 내 간절한 바람을 비웃듯 아버지는 여지없이 어머니를 괴롭혔다.

불행한 가정에 또 다른 불행이 엄습해왔다. 과수원 복숭아 과목이 겨울 추위를 이기지 못하고 모두 얼어 죽고 말았다. 부유하진 않았지만 먹고사는 문제를 고민할 정도는 아니었는데, 살길이 막막해졌다. 그래서 우리 가정은 공장이 많은 지역으로 이사를 했다.

아버지는 매일 술을 마셨기에 한 직장에 한 달 이상 다니질 못했다. 이사 온 곳에서도 가족의 생계는 어머니 몫이었다. 어머니는 종일 맥주 공장에서 공병을 날랐다. 지친 몸으로 집에 돌아오면 온몸이 쑤시고 아프다며 아버지를 원망했다.

아버지의 횡포로 형은 학업을 포기하고 가출했고, 큰누나는 서울에 있는 고모에게로 떠났다. 그 후로도 계속되는 가정 폭력의 피해는 고스란히 작은누나와 막내인 내 몫이었다.

나는 학교에서는 명랑했다. 친구들과 잘 어울리고 성적도 나쁘지 않았다. 돈이 없어서 우유 급식을 못 해 가끔 친구의 우유를 얻어먹다가 선생님에게 걸려 혼날 때도 있었지만, 내 자존감을 바닥으로 곤두박질치게 한 사건은 따로 있었다.

여느 때처럼 친한 아이들과 교실에서 이야기를 나누고 있는데, 교실 문이 갑자기 확 열렸다. 반 아이들의 시선이 일제히 문 쪽을 향하는 순간, 믿을 수 없는 광경이 펼쳐졌다.

"형동아, 형이 집에 왔다!"

술에 취해 비틀거리며 내 이름을 부르는 아버지의 모습이었다. 순간, 시간이 멈춘 것 같고 머릿속이 하얘졌다. 당시 초등학교 2학년이던 나는 작은 몸으로 아버지의 팔을 잡아끌고 교실 밖으로 나가 운동장을 가로질러 정문까지 갔다. 그런 내 등짝에 아이들의 시선이 꽂히는 걸 느끼며 자존감에 구멍이 뻥뻥 뚫렸다. 아버지를 보내고 몸을 돌려 교실로 향하는 나 자신이 너무나 부끄럽고 초라하게 느껴졌다.

하루는 수업을 마치고 친구들과 학교 정문을 나오는데 낯익은 모습의 어른이 길에 쓰러져 있었다. 아버지였다. 나는 그런 아버지가 원망스러웠다.

'왜 하필이면 학교 정문에 쓰러져 있을까?'

부끄러워 지나치고 싶었다. 하지만 친구들의 따가운 시선을 뒤로하고 아버지에게 달려가 팔을 잡고 일으켜 세웠다. 아버지는 몸을 제대로 가누지 못했고, 심지어 바지에 소변을 본 상태였다. 너무 창피해서 빨리 학교 앞을 벗어나고 싶어 온 힘을 다해서 아버지를 부축해 집으로 돌아왔다. 아버지로 인해 나의 자존감은 또다시 손가락 사이 모래처럼 사라져버렸다.

날 찾아오신 하나님 아버지

이전에 살던 동네에는 교회가 없었다. 복음을 들을 수도 '예수님'이란 존재를 알 수도 없었다. 다행히 이사 온 곳 부근에 빨간 벽돌로 지은 작은 교회가 있었다. 교회에 가면 맛있는 음식을 준다는 친구의 말에 언덕 위 그 교회에 출석하기 시작했다. 길게 난 창문에 어두운 붉은색 커튼이 달려있고, 장의자들 사이에 커다란 난로도 있었다.

나는 그곳에서 복음을 들었고, 내 영혼에 지워지지 않을 가장 소중한 이름 '하나님 아버지'를 만났다. 과수원이 망하고 공장지대로 이사한 게 내게는 결코 나쁜 일이 아니었다.

교회는 상처 많은 어린 내게 안식처이자 피난처였다. 교회 선생님들이 넉넉한 품으로 나를 꼭 안아주었다. 그때까지 가정에서 한 번도 경험하지 못한 따뜻함을 느낄 수 있었다. 나는 아버지로부터 사랑한다는 말을 들어본 적이 없다. 함께 살면서 내 마음에는 분노만 쌓여갔다. 아버지는 늘 술에 취해 어머니를 힘들게 하는 존재였다.

그런데 교회에서 만난 하나님 아버지는 날 사랑한다고 하셨다. 세상 누구보다 사랑한다고 하셨다. 하나님 아버지는 내가 오기만을 기다리고 계셨다. 매일 같은 장소, 같은 간절함으로 집 나간 아들이 돌아오기만을 기다렸던 성경 속 아버지처럼 하늘 아버지께서 나를 기다리셨다.

갈기갈기 찢어져 상처투성이에 가치 없는 나를 대신하여 당신의 아들에게 십자가의 수치를 감당하게 하신 하나님 아버지. 내 불행한 환경을 뚫고 그분이 찾아오셨다. 어둡기만 한 삶에 한 줄기의 빛 같은 희망이 들어온 순간이었다.

참 아버지

사춘기에도 아버지와 대화를 나누는 건 거의 불가능했다. 나는 가끔 변하지 않는 상황과 환경 때문에 감정이 요동쳤다. 그런데도 약간의 방황은 있었지만 크게 곁길로 빠지진 않았다. 그 이유는 내게는 피난처인 교회가 있었고, 교회를 통해 만난 하나님 아버지와 십자가로 나를 구원해주신 예수님의 사랑 때문이었다.

나는 하나님의 자녀가 되었지만, 환경은 변하지 않았다. 아버지는 여전히 어머니를 괴롭혔고, 가족에게 고통을 주었다. 그럴 때마다 나는 당시 코미디 프로에서 유행시킨 말을 속으로 되뇌곤 했다.

'귀신은 뭘 하고 있나? 저런 걸 안 잡아가고.'

이 유행어가 내게는 절박했다. 매일 지옥을 살아가는 우리 가정이 자유를 얻는 길은, 아버지가 빨리 죽는 것뿐이었다. 아버지의 영혼을 사랑하는 마음보다는 아버지가 만드는 지옥에서 하루라도 빨리 빠져나오고 싶은 간절함이 더 컸다.

그런데 얼마 지나지 않아 믿기지 않는 일이 일어났다. 학교 수업을 마치고 집에 왔는데 대문 앞에 밥 한 그릇이 놓여있고, 밥 위에 동전이 꽂혀있었다. 집 안으로 들어서자, 어머니가 울면서 말했다.

"형동아… 아버지… 돌아가셨어."

당시 신앙이 없던 어머니가 아버지의 죽음을 알리기 위해 문밖에 밥그릇을 놓고 그 위에 동전을 꽂아놓은 거였다.

그토록 바라는 일이 일어났으니 내 속이 시원할 줄 알았다. 마음이 뻥 뚫려야 정상이었다. 드디어 지옥을 빠져나온 자유로움을 느낄 줄 알았다. 아버지는 내게 버팀목이 아닌 너무나 버거운 짐이었으니까.

그런데 장례를 치르는 내내, 나는 눈물만 흘렸다. 평생 폭행과 가난에 시달린 어머니도 몇 날을 우셨다. 사춘기를 지나는 내 가슴에 아버지의 죽음은 고스란히 또 하나의 상처로 남았다. 그때부터 아버지 없는 삶이 시작되었다. 막내인 나는 이전보다 더 큰 어려움을 겪어야 했다.

형은 이미 고등학교 때 집을 나갔고, 큰누나도 일찌감치 가족을 떠나 서울에서 고모와 함께 살고 있어서 가정의 모든 일을 내가 다 해결해야 했다. 아버지는 폭력의 상처와 가난만을 물려주고 떠났다.

시간이 흘러 결혼하고 아버지가 된 지금 감사한 건, 내가 아버지의 삶을 대물림하지 않은 것이다. 이유는 하나밖에 없다. 예수 그리스도의 복음으로 내 인생이 새롭게 되었고, 육신의 아버지 자리에 하늘 아버지가 들어오셨기 때문이다.

아버지가 세상을 떠난 후, 내 안의 텅 빈 사랑의 공간이 하늘 아버지 사랑으로 채워지기 시작했다. 그분은 아픔과 상처로 얼룩진 나를 치료해주셨고, 누구에게도 공감받지 못했던 내 마음을 공감해주셨다. 하나님 아버지로 인한 행복한 은혜의 삶이 시작되었다.

하나님으로부터 받은 사랑의 경험이 육신의 아버지로부터 얻은 부정적인 경험을 완전히 부숴버리면서 내게 새 삶이 허락되었다.

또 다른 비극

어느 날, 수화기 너머 떨리는 어머니의 음성이 들려왔다.

"형동아, 형이 죽었어."

마흔의 젊은 나이에 큰형이 스스로 목숨을 끊었다. 형은 아버지와 자주 다퉜다. 어느 날은 학교에서 돌아와 보니 아버지와 형이 다투다가 깬 듯한 유리 조각에 피가 뒤엉겨있었다. 형은 아버지와의 갈등을 이기지 못하고 고등학교를 중퇴한 후 가출했다.

내가 어릴 때 형은 아버지의 횡포로부터 나를 보호해줄 유일한 존재였다. 가출한 후에는 일 년에 한두 번씩 집에 왔다. 나는 언제 또 올지 모르는 형을 항상 기다렸다. 형은 내게 아버지의 어두운 그늘을 밝혀주는 존재였다.

그런데 아버지가 돌아가신 후에 형의 인생에 어두운 그림자가 몰려오기 시작했다. 집으로 돌아온 형은 아버지처럼 술을 자주 마셨고, 이해할 수 없는 말과 이상한 행동을 했다. 우리 가족은 아버지의 횡포에서 벗어난 지 얼마 되지 않아 형으로 인해 다시 고통의 시간을 감내해야 했다.

그러다 형이 폭력 사건에 연루돼 교도소에 가게 됐다. 하루는 교도소에서 편지가 왔다. 형이 하나님 아버지께 매일 기도하고 있다는 내용이었다. 불행 중 다행이었다. 형의 편지는 홀로 신앙생활을 하고 있던 내게 큰 감격이며 기쁨이었다.

하나님께서 믿음의 1대인 내게 형을 기도 동역자로 보내주셨다는 감격에 복받쳐 눈물이 났다. 비록 형이 저지른 죄에 대한 대가를 치르는 상황이었지만, 그곳에서 하나님을 만났다는 편지를 보며 벅찬 가슴으로 감사기도를 드렸다.

형기를 다 채우고 출소한 형은 당시 어머니가 운영하던 기사식당에서 배달 일을 도왔다. 형은 처음에는 교도소에서 만난 하나님에 대한 신앙을 지키기 위해 몸부림쳤지만, 안타깝게도 점점 이전 생활로 돌아갔다. 식당에 나오는 일이 뜸해지고 거의 매일 술을 마셨다. 결국 노름에 손을 대기 시작하면서 빚 독촉과 협박에 못 이겨 스스로 죽음을 선택했다.

형의 죽음은 내게 아버지를 잃은 슬픔에 비교할 수 없을 정도의 큰 충격이었다. 형과의 추억이 많이 남아 있었다. 형이 신앙으로 모든 어려움을 이겨냈더라면 지금 누구보다도 가까운 기도 동역자가 되었을 것이다. 하지만 형은 옛 생활로 돌아가 육신 아버지의 삶을 답습하며 살다가 안타깝게 생을 마감했다(십칠 년이 지난 지금도 나는 여전히 형이 그립다).

나 또한 하나님 아버지의 크신 사랑을 알지 못했다면 잿더미처럼 무너진 인생이 되었을 것이다. 하지만 하나님은 내게 참 아버지가 돼주셨고, 복음의 능력으로 잿빛 인생에 생명의 싹을 틔워주셨다.

아버지가 돌아가신 후에도 집안 사정은 좋아지지 않았다. 어머니의 퇴직금마저 유난히 사고를 많이 쳤던 형의 합의금으로 다 날렸고, 설상가상으로 어머니가 사기를 당했다.

당시 나는 천막사에서 철 구조물에 햇빛이나 비를 막기 위해 천막을 제작해 설치하는 작업을 했다. 대형 공사를 할 때는 여러 명의 장정과 높은 철 구조물 위에 올라가 안전 장비 없이 수백 킬로그램이 넘는 천막을 끌어올려 지붕에 씌우는 작업을 하기도 했다.

힘들고 고된 일이라 손은 잦은 상처와 굳은살로 성한 날이 없었다. 천막사에서 어렵게 일해서 모은 돈으로 어머니 대신 빚을 갚았다.

그럼에도 찬양사역자로 쓰임 받기 위해 음악 공부를 하리라는 내 꿈도 포기할 수 없어서 매주 경기도 이천에서 강원도 원주까지 왕복 120킬로미터가 넘는 길을 오가며 개인교습을 받았다. 결국 나는 고등학교 졸업 후 육 년 만에 꿈에 그리던 음악대학에 진학할 수 있었다.

나는 천막사에서 번 돈으로 예배당 건축헌금을 위해 3백만 원 만기 적금을 들었다. 대학에 입학하면 더 이상 적금을 넣을 수 없을 것 같아 해지했더니 작정 금액의 반 정도만 찾을 수 있었다. 작정 헌금을 목사님께 드리며 하나님께 드리겠다고 말씀드렸다. 내 사정을 잘 아시는 목사님이 대학 등록금으로 쓰라며 다시 건네주셨지만, 하나님께 작정한 헌금을 다시 들고나올 수는 없었다.

나는 밤마다 예배당에 나가 하나님께 부르짖었다. 상황을 보면 앞이 막막했다. 하나님 아버지 외에는 붙들 것도, 기댈 곳도 없었다. 매일 버틸 힘을 얻는 방법은 오직 하나님께 부르짖는 것뿐이었다. 밤마다 교회에 머물다 보니 이십 대에 '사찰 집사'라는 별명까지 얻었다.

등록금 마감 날짜가 점점 다가오고 있었다. 눈 오는 추운 겨울날, 교회 앞 육교 아래를 지나시는 목사님을 만났다.

"형동 형제, 등록금 아직 마련하지 못했지? 교회에서 마련해줄게."

불쌍한 자의 기도를 들으시며, 상한 갈대도 꺾지 않으시는 하나님 아버지의 사랑을 경험하는 순간이었다.

돌아보면 참 멀리도 돌아왔다. 하지만 내가 어둡게 느꼈던 상황과 환경 속에서 늘 동행하신 하나님 아버지는 내게 빛이며 소망이셨다. 남들보다 육 년이나 늦게 대학에 들어가면서 수많은 실패도 경험했지만, 고난 속에 늘 하나님의 섭리가 자리하고 있었다.

늦은 나이에 들어간 대학이었지만 4학년에 올라갈 무렵, 휴학하고 교회 친구와 미국으로 언어연수를 떠나기로 했다. 집안 형편은 어려웠지만, 미국이라는 넓은 세상에 대한 동경과 당시 북한에 대한 비전이 있었기 때문이었다. 마음 한구석에는 '하나님께서 나를 북한선교를 위해 준비시키실 것'이라는 막연한 생각도 있었다.

무작정 비자 발급을 위해 이민국에 면접 신청을 했다. 당시 IMF 이후라 비자를 받기 어려운 상황임에도 기적같이 비자를 받을 수 있었다.

미국 유학 생활에 대한 환상은 얼마 가지 않아 깨졌다. 낮에는 언어연수를 받고 수업이 끝난 후에는 학원에서 관리 일을 하며 학비와 생활비를 벌어야만 했다. 저녁에는 한인 식당에서 서빙을 했고, 밤에는 청소와 건물 관리를 하고, 한인 오케스트라에서 연주 생활도 하며 돈을 벌었다.

집에서 생활비를 보내줄 수 없는 상황이라 학비와 생활비를 마련하기 위해 어쩔 수 없었다. 이 년 정도 지나자 유학을 올 때 품었던 꿈을 더 이상 이룰 수 없다는 생각이 들었다. 그래서 한국에 돌아가 남은 학업을 마치기로 했다.

귀국을 결심할 때쯤 하와이 열방대학에서 한국인을 대상으로 DTS 과정을 모집한다는 소식을 들었다. 내 인생의 단 몇 개월만이라도 온전히 하나님께 드리고 싶은 열망에 열방대학에 지원했다. 열방대학 같은 클래스에서 함께 훈련받았던 자매가 바로 지금의 아내다. 아내와의 만남을 통해 내 계획과는 비교할 수 없는 하나님의 거대한 섭리를 다시 한번 깨달았다.

어린 시절에는 큰누나와 작은누나도 함께 교회에 다녔지만, 중학생이 되자 누나들은 교회를 떠났다. 가족뿐 아니라 먼 친척 중에도 아무도 예수 믿는 사람이 없었다. 주일만 되면 혼자 교회학교에 다녔다. 교회학교에서는 찬송가 199장 〈나의 사랑하는 책〉을 자주 불렀다. 이 찬송을 부를 때마다 마음이 뭉클하고 눈물이 고였다.

엄마는 생계를 위해 막노동과 식당 일을 오가며 쉬는 날 없이 일해야 했기에 엄마를 통해 성경 이야기를 듣는 건 불가능했다. 하지만 찬송가를 부를 때마다 믿음의 가정에 대한 동경과 소망이 내 안에 자라났다. 이것이 중학생 때부터 믿음의 배우자를 만나고 싶은 소망으로 기도하기 시작한 이유다.

아무도 가르쳐준적이 없는데, 스스로 일기장에 믿음의 배우자를 위한 열 가지 기도 제목을 적어놓고 기도했다. 다 기억나진 않지만, 지금도 생생하게 기억나는 제목은 '새벽기도를 드리는 자매, 키가 160센티미터 정도 되는 자매, 손이 이쁜 자매'를 만나게 해달라는 기도였다.

처음 만났을 때, 아내는 내 기도 제목과는 다른 점이 많았다. 키가 작고, 손에 주름이 많아서 예쁜 손과는 거리가 있었다. 아내는 못생긴 손을 감추기 위해 항상 주먹을 쥐는 습관이 있다고 했다. 하지만 나는 결혼 후에 이 세상 어떤 손보다 아름다운 아내의 손을 발견했다. 아내는 그 손으로 못 하는 게 없었다.

탁월한 디자인으로 아이들의 교재를 척척 만들었고, 여섯 식구를 위해 능숙한 손놀림으로 정성껏 음식을 마련했으며, 가정에서 울리는 찬양 또한 아내의 피아노 반주에서 시작되었다. 아내는 하나님의 손길을 닮은 손을 가졌다. 내게는 세상에서 가장 아름다운 손이기에 결혼 후 지금까지 매일 아내의 손을 잡고 잠자리에 든다.

철부지 시절부터 하나님께서는 믿음의 가정에 대한 소망을 내 마음에 심어주셨고, 그분의 방법대로 신실하게 응답해주셨다. 할렐루야!

그토록 소망하던 믿음의 가정

결혼 후 아내와 나는 서로를 알아가는 시간을 갖기 위해 한동안 자녀계획을 세우지 않기로 했다. 사실 상황도 여의찮았다. 결혼 후 나는 강릉대 교육대학원에 진학하게 되어 주말부부로 신혼생활을 했다. 아내는 광고디자인 회사에 다니며 가정의 경제와 내 학비를 감당했다. 아이를 낳는 건 꿈도 꿀 수 없었다.

그런데 어느 늦은 저녁, 버스에 몸을 싣고 대관령을 넘는 중에 전화벨이 울렸다.

"자기야….”

수화기 너머 걱정 가득한 아내의 목소리가 들렸다. 임신 테스트 결과 임신한 것 같다고 했다. 우리 부부의 자녀계획은 인간의 계획이었을 뿐, 하나님께서 허니문 베이비로 결혼 선물을 주셨다.

아직 학생인 나는 심경이 복잡했다.

"하나님의 계획이 있을 거예요.”

아내를 안심시킨 후에 전화를 끊고는 어둑어둑해진 창밖을 보며 깊은 생각에 잠겼다. 아내의 임신 소식에 현실에 대한 두려움과 미래에 대한 막막함이 동시에 몰려왔다.

시간이 지날수록 아내의 배는 점점 불러왔고, 우리 부부는 모든 걱정을 뒤로 하고 태중 아이를 위해 기도하며 축복했다. 아내는 출산을 앞두고 친정인 부산으로 내려갔다.

2005년 1월 1일, 첫째 조이가 세상 빛을 보았다. 처음 아이를 가졌을 때의 두려움은 온데간데없이 사라지고 세상에서 누릴 수 있는 가장 큰 기쁨으로 다가온 한 생명. 간호사가 갓 태어난 아기를 안고 내게 다가왔다. 새 생명에 대한 신비로움과 경이로움은 말로 다할 수 없었다. 내게 자녀를 주신 하나님께 감사하며 감격의 눈물을 흘렸다.

　서툰 초보 아빠는 아이 손에 난 아주 작은 상처에도 큰일이 난 것처럼 반응했다. 손톱을 깎다가 살갗을 살짝 베면 자정이 다 된 시간에라도 소독약을 구해왔다. 그렇게 조금씩 아빠가 되어가던 나는, 온전한 '아빠다움'을 위해 하나님 아버지 앞에서 끊임없이 자신을 돌아봐야 하는 여정을 시작했다.

chapter **2**

아빠가 되어가는 아빠

시편 23편의 축복

아이가 태어날 때의 감격은 말로 다 표현할 수 없을 정도였다. 하나님께서 주신 생명에 대한 감사와 경이로움에 눈물로 아이와 만났다. 처음 세상 빛을 보는 아이에게 아빠로서 마음 다해 축복해주고 싶었다. 갓 태어난 아기의 탯줄을 직접 자르고 나서 아이의 머리에 손을 얹고 시편 23편을 암송하며 말씀으로 축복해주었다.

"여호와는 조이의 목자시니 조이에게 부족함이 없으리로다. 그가 조이를 푸른 풀밭에 누이시며 쉴 만한 물가로 인도하시는도다~."

"저기요, 아버님, 여기서 이러시면 안 돼요. 아버님 그만하실게요."

"…조이의 영혼을 소생시키시고 자기 이름을 위하여 의의 길로 인도하시는도다~."

간호사가 제지했지만, 나는 질세라 아이 머리에 손을 얹고 끝까지 따라가며 축복해주었다. 내 자녀를 축복하는 특권을 포기할 순 없었다.

특히 시편 23편으로 축복했던 이유는, 아버지의 부재와 가난과 결핍 속에서 날 버티게 해준 말씀이었기 때문이다. 내 삶에 찾아온 모든 고난과 고통의 순간을 이기기 위해 말씀을 붙들고 기도할 수밖에 없었다. 환난 중에 내가 살아내도록 힘이 되어준 말씀, 하나님이 함께하심과 인도하심을 확인해주었던 그 말씀으로 축복하고 싶었다.

세상의 좋은 언어, 뜻깊은 말들이 참 많지만, 하나님께서 다윗을 통해 인간에게 주신 가장 아름다운 말씀인 시편 23편으로 축복하면서, 이 말씀이 아이의 삶을 지탱하는 버팀목이 되고 하나님의 목적을 이루어가는 힘이 되길 소망했다.

아이는 기억하지 못하겠지만, 아빠의 축복이 예수님의 마음임을 나는 안다. 예수님이 당신에게 다가오는 아이들의 머리에 손을 얹고 축복하신 것처럼 말이다. 그때 축복받은 아이들은 어떻게 됐을까? 하나님의 아들 예수께 직접 축복받은 아이들은 분명히 세상이 감당하지 못하는 믿음의 사람으로 성장했을 것이다.

나는 자녀의 인생에 고난이 없게 해달라고 기도하지 않는다. 사망의 음침한 골짜기에서 주님의 음성에 더욱 귀를 기울이는 아이로 자란다면, 나의 극성맞은 축복기도에 이미 하나님이 응답하신 것이리라 믿는다.

말씀 먹는 아빠가 되다

첫째 조이가 2세가 될 무렵, 나는 강릉 시립교향악단에서 콘트라베이스 상임 단원으로 근무하게 되었다. 아내는 아이를 출산하고 양육을 위해 직장을 그만두고 전업주부가 되었고, 우리는 몇 년간 주말부부로 지냈다.

그러던 어느 날, 아내가 '303비전성경암송학교'에 다니겠다고 내게 통보했다. 아이를 양육하면서 영적인 갈급함을 해갈하기 위해 남편 동의 없이 등록해버린 거였다.

"거기가 뭘 하는 곳인데? 혹시 이단 아니야?"

이십 대 초반에 네비게이토에서 나온 암송카드로 열심히 암송한 적은 있었지만, 암송학교가 따로 있다는 말은 들어본 적이 없었다. 아무래도 이상한 단체인 것 같았다.

아내는 '여운학 장로님'이라는 분이 엄마들을 훈련하기 위해 만든 암송학교라고 말해주었다. 청년 시절에 다니던 교회 청년회에서 여 장로님이 발간하신 '이슬비전도편지'로 전도한 경험이 있어서 안심하고 아내를 303비전성경암송학교에 보냈다.

그런데 암송학교에 다니며 아내가 점점 변해갔다. 말을 잘 알아듣지 못하는 아이 앞에서 내게 존칭을 쓰며 존중하기 시작했다. 중요한 일을 결정할 때도 내 의견을 존중하며 아이들 앞에서는 아버지로서 권위를 가질 수 있도록 순종하는 모습을 보이며 가정의 질서를 세워나갔다.

그런 아내의 섬김으로 아이들은 아빠를 존경하는 법을 배웠다. 아이들은 예수님이 "교회를 사랑하듯 아내를 사랑하라" 하신 말씀에 따라 엄마를 사랑하는 아빠의 모습을 보면서 순종과 질서의 근원이 하나님의 사랑임을 체득했다.

아내의 변화 중심에는 '말씀암송'이 있었다. 자신이 먼저 암송하는 모범을 보였다. 암송한 말씀을 그대로 종일 입술로 읊조리며 아이에게 들려주었다.

어느 날, 아내로부터 전화가 왔다. 그런데 아내의 목소리가 아닌 아이의 목소리가 들렸다. 겨우 "엄마, 아빠"만 할 줄 아는 아이가 어눌한 발음으로 무언가를 말하고 있었다.

"태또에 하샤시시 떤지르을 탄조하시니라."

부정확한 발음이었지만, 단번에 창세기 1장 1절 말씀임을 알 수 있었다. 아이 입술에서 말씀이 선포되는 순간, 주체할 수 없는 눈물이 흘렀다. 아이에게 말씀이 심긴 거였다.

'우리 가정에 이런 복을 주시다니!'

내게 찾아온 이 순간이 꿈만 같았다.

아내는 아이들과 함께 열심히 암송했지만 내게는 한 번도 암송을 강요하지 않았다. 삶의 변화를 통해 자연스럽게 내게 전도하는 방법을 택한 것 같았다. 내 안에는 점점 암송에 대한 사모함이 자랐다. 아내가 이를 눈치챘는지 셋째 사랑이를 출산할 무렵, 내게 조이와 온유의 암송 선생님이 돼줄 것을 권면하며 힘을 실어주었다.

때마침 303비전성경암송학교 유니게 과정 3단계가 시작된다고 해서 얼른 등록했다. 그리고 매주 강릉에서 올라와 암송학교 수업에 참여했다. 매일 암송한 후에 암송 일기를 써서 일주일에 한 번씩 제출하고 검사를 받았다. 그렇게 말씀 심는 엄마에 이어 '말씀 먹는 아빠'로 한 발씩 내딛었다. 그러면서 아내가 경험한 암송의 은혜를 조금씩 경험할 수 있었다.

암송학교에서는 자녀를 양육하는 법을 가르치지 않았다. 부모가 하나님과 더 가까워지도록 암송 훈련을 했고, 자녀 양육의 시작 또한 교육보다 하나님과의 관계가 먼저임을 가르쳤다.

아무리 좋은 말씀 교육이라도 부모가 선행해야 함을 깨달았기에 말씀 먹는 아빠로의 첫발을 내디딜 수 있었다. 부모가 말씀과 기도와 성령으로 깨어있을 때, 아이에게 불순물이 섞이지 않은 온전한 믿음의 유업이 흘러가게 될 것을 믿으며….

부주의한 아이, 부족한 아빠

첫째 조이는 유난히 사물이나 주위 사람들과 잦은 접촉을 하는 아이였다. 이곳저곳에 부딪혀 상처가 많았고, 넘어져도 꼭 상 모서리나 장난감에 이마를 박아서 자주 응급실에 가야 했다(서울의 대학병원 응급실을 다섯 곳 이상 갈 정도였다).

사물에 부딪힐 뿐만 아니라 옆으로 지나가면서 사람들을 툭툭 건드리기도 하고, 손에서 그릇을 놓쳐 깨트리는 일도 잦았다. 처음엔 아이가 다치지 않는지 걱정이 되어 묻기도 하고, 실수려니 생각하고 넘어갔다. 그런데 횟수가 점점 잦아졌다. 덩치가 큰 아이가 툭 건드리면 그 충격에 놀라 화를 내기도 했다.

"조이야, 주의 좀 하고 다녀!"

"네, 아빠."

주의도 주고 화를 내기도 했지만 고쳐지지 않았다. 아이의 행동에 불만이 쌓여갈 즈음, 한 설교를 듣다가 아이를 대하는 내 태도가 문제였음을 알았다.

유명한 청소년 사역자가 설교 중간에 조이와 같은 성장기 아이들의 특징을 설명했다. 자신의 아이가 이곳저곳에 너무 잘 부딪혀서 처음에는 부주의해서 그런 줄 알았다고 말했다. 그런데 아이의 신체 발육이 빠르다 보니 신경계가 따라가지 못해 부자연스러운 동작이 나타나는 것임을 알았다고 했다. 그 후로 아이를 이해하며, 같은 일로 지적하지 않게 되었다고 했다.

조이가 성장하면서 겪는 자연스러운 과정이었는데, 내가 이해하지 못하고 계속 주의하라고 타일렀던 거였다. 아이가 부주의한 게 아니라 아빠가 부족한 거였다. 그때 이후로 아이에게 지적하거나 화내지 않았다. 그리고 아이의 이해할 수 없는 행동의 이유를 발견할 때까지 아빠는 참고 기다려야 하는 존재임을 조금씩 알아갔다.

퇴근 후 침묵

퇴근하고 현관문을 들어서는 순간, 아이들이 달려왔다.

"아빠, 오셨어요!"

반갑게 맞으며 안아주었다. 나를 환대하는 아이들이 있는 것만으로도 세상을 다 가진 것 같은 기쁨이 몰려왔다. 우르르 몰려온 아이들이 제자리로 흩어져 각자 하던 일로 돌아갔다. 반가운 인사도 잠시, 집 안 구석구석 흐트러진 아이들 흔적이 눈에 들어왔다. 참고 넘어가기도 했지만, 때론 참지 못하고 말했다.

"누가 이걸 여기에 놨어? 빨리 좀 치워! 제자리에 놓으라고 했는데 이게 뭐니?"

지적하는 경직된 내 목소리에 조금 전 평온한 분위기는 온데간데없이 사라지고 긴장감이 돌았다. 내 지적은 아이들 사이의 관계까지 금이 가게 했다. 서로 누가 그랬는지 범인을 색

출하기 시작했고, 상대를 넘겨짚거나 의심했다. 내 행동이 종일 아빠를 기다려 준 아이들의 정서뿐만 아니라 가족 관계의 친밀함에도 나쁜 영향을 줄 수도 있다는 사실을 깨달았다. 그래서 '퇴근 후에는 침묵'이라는 특단의 조치를 나 자신에게 내렸다.

또 "보이는 것이 은사"라는 말처럼 흐트러진 물건들이 보이면 내가 치워야 할 것이라고 생각하고 먼저 치웠다.

아빠의 침묵은 가정예배를 드릴 때도 필요하다. 아이들의 태도나 마음가짐을 보면서 참지 못할 때가 있다. 아이들은 즐거움과 장난의 경계선에서 줄타기하기 일쑤다.

"예배는 기쁨으로 드리는 거지, 장난으로 드리는 게 아니야."

처음에는 조용한 목소리로 중심을 잡아준다. 그러나 가끔은 언성을 높이며 경고한다. 마음으로 '아차' 하는 순간부터 예배 분위기가 경직된다. 아이들이 하나님을 의식하기보다 내 눈치를 보며 예배를 드린다. 결국 예배 분위기를 어렵게 하는 것도 나다.

아이들 태도에 대해 할 말은 예배가 끝난 후에 해도 충분하다. 분명한 건 아빠가 침묵할 때 가정의 평화가 오래 지속된다는 거다.

옆에 다가온 셋째 사랑이에게 물었다.

"왜 아빠한테 왔어?"

"보고 싶어서요."

"조금 전에 봤는데 또 보고 싶어?"

"네, 저는 종일 아빠 생각만 해요"

나를 끔찍이 사랑해주는 사랑이다. 여기까지는 좋았다. 대화가 계속 이어졌다.

"아빠, 제가 이다음에 커서 아기를 낳으면 힘들겠죠?"

"왜? 아빠가 너희들 키우는 게 힘들어 보여?"

"네, 아빠 표정이 힘들어 보여요. 어저께랑 그저께 표정이 안 좋았잖아요."

며칠 동안 사역과 사람과의 관계로 힘이 빠져있는 나를 보고, 그 원인을 자신에게서 찾은 거였다.

"사랑아, 아빠 엄마는 너희를 키우는 게 힘들지 않아. 하나님이 주신 너희를 끝까지 사랑하고 믿음의 자녀로 키우도록 기도하고 노력할게."

사랑이를 안고 말해주었다. 아이는 내 표정을 보며 자신의 미래를 생각했다. 그것도 밝지 않은 미래를 말이다.

아이는 부모의 표정에 민감하다. 평소와 다른 표정을 보면 아이도 고민한다는 걸 안다. 그래서 부모의 말 한마디만큼이

나 표정도 중요하다. 아이는 부모의 몸짓 하나도 놓치는 법이
없다.

나는 아이 앞에서 어느 정도 감정노동이 필요함을 알았다.
부모의 얼굴에서 자신의 미래를 걱정하는 아이로 만들지 않기
위해 표정을 먼저 고쳤다. 내 찌든 모습이 아이에게 찌든 미래
를 안겨줄지도 모르기 때문이다.

한번은 사랑이가 차에 물건을 놓고 왔다며 함께 찾으러 나
가자고 부탁했다. 방금 집에 돌아와 피곤하고 귀찮았지만,
아이의 간곡한 요청에 무거운 몸을 이끌고 함께 찾으러 갔다.
집에 돌아와 입었던 옷을 벗어 세탁기에 넣고 돌렸다. 얼마 지
나지 않아 자동차 열쇠가 사라진 걸 알았다. 생각을 더듬어
보니 호주머니에 넣어둔 걸 기억하지 못하고 세탁기에 넣어버
린 거였다.

자동차 열쇠는 세탁기 안의 젖은 옷 호주머니에서 발견되었
다. 나는 열쇠를 꺼내며 사랑이에게 한마디 던졌다.

"조금 전에 네가 차에 갔다 오자고 해서 이렇게 됐잖아."

"그게 제 잘못은 아니죠!"

순간, 뜨끔했다. 사랑이 잘못은 아니었다. 열쇠는 내가 갖
고 있었고, 호주머니에 둔 채 세탁하고는 아이에게 잘못을 전
가하려 했다. 아이 앞에 서 있는 어른 죄인의 모습은 부끄러움

그 자체였다.

쓸데없는 자존심과 체면을 내세우며 아이들에게 상처를 줄 때도 있다. 나름 좋은 아빠라고 자처하면서도 자존심을 내세울 때가 있다. 감정이 나쁜 선택을 주도하면 올바른 선택을 할 수 없다.

아이 앞에서 잘못을 인정하는 건 내 감정을 꺾어야 하는 의지와 용기가 필요했다. 하지만 나는 부끄러움을 무릅쓰고 아이에게 다가갔다. 그리고 이미 기분이 상한 사랑이에게 진심으로 사과했다. 잘못한 아빠를 용서하는 일에 때론 아이가 아빠보다 더 관대함을 경험하곤 한다.

한 날은 엄마 아빠와 자겠다며 안방으로 들어오는 사랑이에게 말했다.

"아빠가 불편하게 자면 내일 낮에 피곤해서 안 되니까, 거실에서 자든지 침대 옆에서 자라."

사랑이가 삐쳐서 나가버렸다. 오늘만 해도 몇 번 삐친 경력이 있는 아이에게 참다못해 언성을 높였다.

"왜 그리 잘 삐치니? 아빠가 많이 예뻐하고 잘해주는데 한 번 마음에 들지 않는다고 삐치는 건 잘못된 거야!"

화난 나를 뒤로하고 사랑이는 거실로 나가 오빠들 옆에 누웠다. 곧 우는 소리가 들렸다. 나는 잠시 마음을 가다듬고는 거실로 나가서 누워있는 아이들을 한 명씩 안아주었다. 그리고 마지막으로 사랑이 마음을 풀어주고 싶어 안아주려는데 사랑이가 베개에 얼굴을 묻고 미동도 하지 않았다. 몇 번 흔들어 보았지만 소용없었다. 아이는 단단히 삐쳐 있었다.

나도 마음이 불편했다. 순간, 미동도 하지 않는 사랑이 몸을 옆으로 밀어내며 "싫으면 관둬" 하고 방으로 들어와 누워버렸다. 우는 소리가 들렸지만, 이미 나도 속이 상한 상태였다.

옆에 있던 아내가 "위로해주고 와야겠네" 하며 거실로 나가 한참 동안 사랑이를 다독이고 들어왔다. 나는 마음이 불편했다. '아이들과의 갈등은 그날에 풀고 잠자리에 든다'라는 원칙이 무너졌다. 그뿐 아니라 사랑이와 나 사이에 작은 담이 쌓인 것 같아 기분이 좋지 않았다.

더 마음이 쓰였던 건, 사랑이를 혼낼 때 말씀을 보고 있었기 때문이다. 아이 앞에서 언성을 높인 게 아니라 말씀 앞에서 언성을 높인 것 같았다. 겸손하지 못한 나 자신을 보는 순간이었다. 사랑이에게 미안한 마음이 들었다.

'아이가 어떠함에도 불구하고 끝까지 받아주는 게 부모가 아닌가!'

네 아이와 함께하면서 네 배의 인내와 노력이 필요함을 절실히 느꼈다. 좋은 아빠가 되기는 정말 쉽지 않다. 그래도 다

시 힘을 얻고 하나님 아버지와 아이들 앞에서 더 좋은 아빠가
되고 싶다. 이유는 하나다. 하나님 아버지는 언제나 더 좋은
아빠시기 때문이다. 나는 그분을 닮고 싶다.

감사하게도 다음 날 사랑이와 화해했고, 다시 예전처럼 친
밀한 부녀 사이를 유지할 수 있었다.

구멍 난 화분

아내가 조화로 만들어진 예쁜 화분을 보고는 인터넷 검색
으로 '바질'인 걸 알아냈다. 실물을 보고 싶어 하는 아내와 화
원에 들렀다. 온갖 꽃과 화초가 가득 찬 화원을 둘러보다 바
질 화분을 발견하고는 아내를 위해 거금을 주고 구매했다.
작은 잎과 가지들이 모여 구름처럼 뭉실하고 둥근 모양에 빨
대를 꽂아놓은 솜사탕 같은 화분이었다. 아내는 아담하고 예
쁜 바질을 쓰다듬으며 만족했다.

며칠이 지났다. 솜사탕처럼 둥글게 뭉쳐있던 바질이 가르마
를 탄 것처럼 반으로 갈라져 있었다. 아이들에게 물어보니 아
무도 화분을 건드리지 않았다며 서로 눈치만 보았다.

"얘들아, 조심했어야지. 엄마가 가장 아끼는 식물이잖아.
실수했다고 혼내지 않을 테니 대신 엄마한테 사과드려. 다음
부터는 조심하고, 바질은 또 사면 되지 뭐~."

이런 교과서 같은 상황은 벌어지지 않았다. 속상해하는 아내 얼굴과 커다란 구멍이 난 바질이 내 눈에 들어오자 화가 났다.

"엄마가 얼마나 아끼는 화분인데, 아무도 안 했다고 하면 누가 이렇게 한 거야!"

아이들도 놀랐다. 분위기는 걷잡을 수 없는 내리막길로 치달았다. 그때 사랑이가 조심스레 말을 꺼냈다.

"정확하게 기억은 나지 않는데… 제가 그쪽에 있었고, 의자를 밀어서 그런 것 같아요."

사랑이의 정직한 말에 마음이 가라앉았다. 아이가 실수로 한 잘못이어서 혼낼 수도 없었다.

"사랑아, 용기 있게 말해줘서 고마워. 아빠 때문에 너도 많이 놀랐지?"

내 태도에 화가 난 조이가 중얼거렸다.

"아마 우리가 그랬으면 혼냈을 거야."

조이 말을 듣자, 가라앉았던 감정이 다시 일어나 퉁명스럽게 쏘아붙였다.

"조이야, 뭘 그렇게 차별받았다고 그런 말을 해. 그게 아빠한테 할 말이니! 아빠와 자녀 관계에도 분명히 지켜야 할 선이 있는 거야. 넌 내가 하지도 않은 일을 네 마음대로 규정하고 차별하는 부모로 만들었어!"

아이들이 많은 집에서 공평한 아빠 노릇보다 어려운 건 없다. 노력하고 또 노력하지만, 아이에게는 만족스럽지 않은 모습이 보였던 것 같다.

나도 화가 나고 조이 마음도 좀처럼 누그러지지 않았다. 한시간 남짓 시간이 흘렀다. 어떻게 수습해야 할지 난감했지만, 일단 방에 들어간 아이들을 불러 모았다.

"얘들아, 아빠가 먼저 큰소리 내서 미안해. 소리 지른 건 내가 잘못한 거야. 하지만 조이도 아빠를 그렇게 단정 지어 말하는 건 아닌 것 같아. 아빠에게 한 말을 스스로 생각해 봐."

그리고 함께 기도를 드리자고 했다. 분위기가 한결 부드러워졌고, 같이 기도 후에 각자 방으로 흩어졌다.

하루가 지나 조이가 문자를 보내왔다.

죄송해요. 어제 제가 생각이 짧았어요. 제 의도는 그게 아니었어요. 아빠가 제 아빠인 건 지상 최고의 축복인 걸요. 제가 어제 한 말, 마음에 두지 마세요. 아빠가 저를 사랑하시는 것 알고, 또 제가 제일 많이 사랑받은 것도 알아요. 제가 생각이 짧았어요. 죄송.

구멍 난 화분 때문에 아이들 마음에 구멍을 낸 부끄럽고 못난 내게 조이는 가슴 뭉클한 메시지를 보내왔다. '잠깐 참았으면 좋았을 걸' 하는 후회가 밀려왔다. 더군다나 예배 전이었다. 가끔은 내가 가정에서 가장 큰 화근일 때가 있다.

조금만 참으면 화평을 경험할 텐데 그러지 못해 얻은 불화의 원인은 구멍 난 화분이 아니라 나였다. 하지만 아빠를 향한 아들의 마음을 확인한 건 잠시의 갈등으로 얻은 뜻밖의 수확이었다.

아빠가 참는 건 화목한 가정에 필요한 조건인 것만은 틀림없다.

> 사랑은 오래 참고 사랑은 온유하며 시기하지 아니하며 사랑은 자랑하지 아니하며 교만하지 아니하며
> 모든 것을 참으며 모든 것을 믿으며 모든 것을 바라며 모든 것을 견디느니라 고전 13:4,7

아, 살겠네!

가끔 가정 예배드리는 게 쉽지 않다. 평소에는 즐거운 예배를 드리지만, 종종 선을 넘는 아이들 행동에 화를 참고 예배드리기도 한다. 즐겁게 드리는 예배는 괜찮지만 재미와 장난으로 드리는 예배는 절대 허용하지 않는다는 걸 아이들도 잘 알고 있다. 그런데도 예배 도중에 키득키득 웃는 아이들의 돌발 행동에 기분이 상할 때가 있다.

예배 중간에 장난치는 조이에게 경고했다. 그리고 예배를 마친 후에 불러 타일렀다. 그런데 훈육하는 과정에서 나도 모르게 "미치겠네"가 혼잣말처럼 뛰어나왔다.

훈육을 마치고 성경을 읽으려는데 조이가 방으로 들어가면서 "아빠, 잠깐 와보세요"라고 했다. 좀 건방져 보였지만 흔한 일이 아니기에 조이 방으로 들어갔다.

"아빠는 왜 우리에게 쓰지 말라고 한 말을 쓰세요?"

"무슨 말?"

"아까 '미치겠네'라고 하셨잖아요."

"조이야, 아빠가 미안해. 화가 나서 그랬어."

그렇게 사과하고 마무리를 잘 지었다 싶었는데 옆에서 지켜보던 온유가 자기는 그럴 때 "아, 살겠네"라고 한다고 했다. 그 한마디에 싸늘한 분위기가 반전되었다. 아이에게 한 수 배우는 순간이었다.

"아이들은 부모의 스승"이라는 말이 현실이 되었다. 아빠가 인내를 배우고 아직 정화되지 않은 거친 언어와 습관을 다듬을 수 있도록 도와준다. 하나님께서 아이들 눈으로 나를 감시하신다.

"아~ 살겠다."

행동 vs 마음

평소에 아이들이 아프다며 기도해달라고 다가오면 공감하려고 노력했다. 어디가 아픈지 물어보고 기도해주면 아이들은 거짓말처럼 괜찮아지는 것 같다고 했다.

때론 기도해주는 아빠의 믿음보다는 기도 받는 아이들의 믿음이 훨씬 큰 것 같다. 아이들이 아플 때 최고의 약은 단연 아빠의 공감과 기도였다. 그러나 시간이 지나면서 아프다며 달려오는 아이들에게 공감해주기보다는 아픈 원인을 추궁하기 시작했다. 그리고 그에 대한 책임을 묻는 습관이 생겼다.

차례로 감기 증상이라도 나타나면 그 책임을 아이들에게 돌렸다.

"그것 봐, 어제 옷을 따뜻하게 입고 다니라고 했는데 말을 안 듣더니 심해졌잖아. 찬물 마시지 말라고 했는데… 기침도 심해졌잖아."

아픈데 그 책임까지 떠맡아야 하니 아이들의 기분 좋을 리 없었다. 감기 증상이 심해진 아이들을 데리고 병원에 갔다. 의사 선생님이 한 명 한 명 진찰하기 시작했다.

"괜찮아, 금방 나을 거야. 걱정 안 해도 돼."

내 모습과 사뭇 다르게 아이를 먼저 안심시켜 주고 마음을 위로했다. 아빠가 아이의 행동에 초점을 맞추자 아이는 감기에 걸린 주범이 되었고, 의사가 아이의 마음을 위로하자 아이는 치료와 위로를 받아야 하는 존재가 되었다.

아이는 의사 선생님으로부터 위로받았을 때, 자기 행동에 대한 해방감을 얻었을 것이다. 아이들과 매일 겪는 다양한 사건으로 임계점에 다다른 감정을 핑계로 모질게 뱉은 내 말에 면죄부를 줄 수는 없다. 이전에 그랬던 것처럼 공감과 위로와 안정감을 먼저 심어줘야겠다.

내가 어릴 때 부모님으로부터 공감을 받은 기억이 없기에 더 많이 공감하려고 노력하지만, 어느새 초심을 잃은 것 같았다. 순간순간 올라오는 내 연약함을 줄여나가기 위해 노력하기로 다짐했다. 아이들의 마음을 먼저 만져주는 아빠가 되어야겠다고.

기다리지 못하는 아빠

온유가 다가와 고민을 털어놓기 시작했다

"아빠, 요즘 나는 하나님이 진짜 신인지 모르겠어요. 불교에서도 자신들이 믿는 신이 진짜 신이라고 생각할 거 아니에요?"

아이가 계속 말을 이어갔다.

"저도 제가 믿는 하나님을 참 신이라고 생각하지만, 우리 하나님이 진짜 신인지 어떻게 알 수 있어요?"

솔직하게 나누어준 고민이었는데, 나는 적잖이 당황했다. 아이가 몇 년 전에도 비슷한 질문을 한 기억이 떠올랐고, 아이 신앙에 문제가 있는 것 같아 마음이 상하기까지 했다. 그래서 감정적으로 대꾸하기 시작했다.

"온유야, 그런 고민을 지금까지 하고 있으면 어떡하니? 엄마 아빠가 어릴 때부터 네게 말씀을 가르친 수고가 겨우 이거야! 성경책 가지고 와 봐!"

온유가 암송하고 있는 십계명을 읽어주었다. 이 말씀은 수십 번 더 함께 암송했다. 성경은 온 우주를 창조하신 하나님만이 오직 우리가 섬겨야 할 유일한 분이심을 증거한다. 그래서 하나님의 자녀들은 참되신 하나님만 섬길 걸 명령하는 이 말씀을 항상 암송하지만, 아직 깨닫지 못하고 있었다.

하지만 아무리 성경 말씀으로 말해주어도 이미 아이의 마음이 상해서 말씀이 들어가질 않았다. 하지 말아야 하는 걸 알면서도, 나는 아이를 다그쳤다.

"아빠가 얘기하는 게 마음에 들지 않더라도 중요한 말씀이니까 들어야 하는 거야!"

아이에게 말하고도 마음이 좋지 않다. '이게 아닌데' 하면서도 아이를 이해하지 않고, 기다려주지 않고 내 생각대로 내뱉어버렸다.

온유가 말했다.

"저도 믿음을 갖고 싶어서 기도도 하고 하나님을 찾고 있어요. 하나님을 인격적으로 만나고 싶은데 만나지 못한 걸 어떻게 해요!"

그러고는 제 방으로 들어가 버렸다.

참 신이라고 믿었던 하나님이 가짜 신이 아니길 바라며 고민하는 것만으로 아이에게 믿음의 씨앗이 심긴 증거라는 생각이 들었다. 아이에게 믿음이 없다면 이런 고민과 갈등조차 하지 않았을 거다. 아마 온유의 마음에 두려움도 있었을 거다. 아이의 마음을 헤아려 보니 미안한 생각이 들었다.

예수님은 도마의 의심에 자신의 못 자국을 들이밀며 만져보라고 말씀하셨다. 삼 년이나 예수님과 함께했고 부활하신 그분을 눈앞에 두고도 믿지 못하는 제자를 위해 손의 못 자국과 옆구리의 창 자국을 보이시며 믿음을 갖도록 온유하게 일러주셨다.

그런데 나는 답답한 마음이 앞서 아이를 다그쳤다. 말씀의 능력을 믿기보다 내가 아이에게 가르쳤던 수고에 대한 대가를 강요한 것임을 깨달았다.

나는 아이를 불러 다시 대화를 시도했다.

"네가 그런 고민하는 것 자체가 믿음이 자라고 있는 과정인데, 아빠가 이해하지 못해서 미안해."

아이가 눈물을 흘리는 것 같았다. 머뭇머뭇하다가 내 품에 안긴 아이를 위해 기도해주었다. 아이의 믿음이 자라는 건 하나님의 영역이다. 조바심으로 아이를 다그치면 관계만 나빠진다.

아이의 신앙이 부모의 기대만큼 따라오지 않을 수 있다. 돌아보면 신앙 성장이 느린 아이에게는 아무 문제가 없었다. 기다리지 못하는 아빠의 조급함이 문제였다. 하나님께서 아빠인 나보다 아이를 더 사랑하신다. 아이를 기다려주시는 하나님보다 내가 앞서가지 말아야 한다. 내게는 아이의 가슴에 심긴 말씀을 성령께서 깨닫게 해주시고, 믿음의 열매를 맺도록 간절하게 기도할 의무만 있을 뿐이다.

상처의 화살

홈스쿨로 중학 과정까지 마친 온유가 고등학교에 입학했다. 신앙교육을 위해 홈스쿨을 교육 방법의 하나로 선택했을 뿐 홈스쿨 자체가 목적은 아니었다. 본인이 원하고 또 믿음 위에 바로 섰다는 판단이 설 때, 아이가 원하면 학교에 보낼 생각이었다.

온유는 자신의 바람대로 고등학교에 진학했다. 네 아이를 양육하면서 처음 학부모가 된 우리 부부는 아이의 학교생활이 무척 궁금했다. 친구들은 어떤지, 학교에 적응을 잘하고 있는지를 아이에게 물었다. 아이는 왜 그런 질문을 하냐는 듯 말했고, 나는 아이에게 무시당하는 느낌이 들어 감정이 점점 쌓여갔다.

"그냥 궁금해서 물어보는 아빠를 존중해서 얘기해주면 좋겠어."

몇 번 얘기했지만 아이는 시큰둥했다. 그런 반응에 시간이 지나도 마음이 풀리지 않고, 화가 났다. 아내와 잠자리에 누워 아이에게 서운한 마음을 토로했다. 한참을 말없이 듣던 아내가 입을 열었다.

"지나가는 수많은 화살을 굳이 잡아서 자기 가슴에 찔러 상처를 낼 필요는 없어요. 아이가 내뱉는 말은 아빠를 무시하는 게 아니라 의미 없이 말하는 거예요. 나한테도 여러 번 그랬는데, 난 그냥 흘려보내요. 아이들이 하는 모든 말에 의미를 담아 듣지 말아요. 당신도 흘려보내요."

아내의 말에 아이의 태도보다 아이의 말에 반응하는 내 태도가 문제임을 깨달았다.

부모도 아이에게 상처받는다. 그런데 말 그대로 상처를 '받는' 것이다. 받지 않으면 되는데 감정의 손을 내밀어서 상처를 받아온다. 이건 '모든 게 내 잘못'이라고 자책하라는 의미가 아니다. 다만 자녀에게 상처받지 않아야 더 좋은 부모가 될 수 있기에 의미 없이 건넨 아이의 말에 굳이 의미를 부여해 반응할 필요는 없다. 부족한 아빠는 이렇게 날마다 조금씩 성장하고 있다.

chapter 3

하나님 아버지를 닮아가는 아빠

그래도 아빠 아들

"가지 많은 나무에 바람 잘 날 없다"라는 말은 딱 우리 가족을 두고 하는 말 같다. 늘 행복한 웃음만 넘치면 좋으련만 사는 게 어디 그런가. 아이 넷이 돌아가며 문제를 일으키는 날이면 내 인내심의 바닥을 경험한다.

아이들이 잘못을 저지르고도 인정하려 들지 않을 때도 있다. 마음으로는 잘못을 감지하면서도 감정의 벽에 부딪혀 시인하지 않는다. 이런 상황이 발생할 때마다 조금만 기다려 주면 좋으련만 나 또한 이성적 판단보다 감정에 속아 화를 내고 만다. 결과는 뿌연 연기처럼 무거운 분위기가 집 안을 가득 메울 뿐이다.

갈등 없는 가정은 없다. 아이들과 부모 사이에 하루가 멀다고 갈등이 생긴다. 갈등의 골이 깊어질수록 관계의 담은 점점 높아지고 서로를 바라볼 수 없다. 갈등은 감정의 문제이기에 옳고 그름을 따져 해결할 수 없다. 아무리 이성적인 아이라도 부모에게 마음이 상하면 이성보다는 상한 감정의 지배를 받는다. 이는 아이가 잘못을 인지하고도 인정하지 않는 이유이기도 하다.

상한 감정을 풀지 못하고 잠자리에 드는 아이를 바라볼 때면 내 마음이 더욱 무거워진다. 불안한 상태로 잠자리에 드는 게 정서에 해롭다는 사실을 너무나 잘 알고 있기에, 내가 먼저 용기를 내어 다가간다.

마음 에너지가 방전된 상태로 날을 넘기기 시작하면 관계 충전이 훨씬 오래 걸린다는 걸 잘 알기에 먼저 아이에게 찾아가는 방법을 택한다. 그리고 옳고 그름이 아닌 감정을 만져주는 방법으로 실타래처럼 엉킨 관계를 해결하기 시작한다. 갈등의 주체가 아이였다면 갈등 해결의 주체는 부모가 되어야 한다.

놀랍게도 이에 대해 본회퍼는 《신도의 공동생활: 성서 기도서》에서 다음과 같이 말하고 있다.

그날에 생긴 모든 상처는 그날 저녁까지는 치유되어야 한다는 것이 모든 그리스도인 공동체의 결정적인 규칙이다. 맺힌 마음을 풀지 않고 잠자리에 드는 것은 위험에 빠뜨린다. 따라서 형제의 용서를 구하는 시간을 저녁 기도회에 포함하는 것은 새로운 공동체 건설과 화해를 위해 바람직하다.

《신도의 공동생활: 성서기도서》 78쪽

교회 공동체뿐만 아니라 작은 교회 공동체인 가정에서도 맺힌 마음을 풀기 위한 용서와 화해는 가정을 다스리시는 십자가의 은혜로 경험한다. 우리에게 먼저 화해의 손을 내밀어주신 십자가의 은혜를 경험한 아빠가 먼저 아이에게 손 내미는 게 당연하다.

나는 용기를 내어 아이에게 찾아가 말을 건넸다.

"아까 마음이 상했지? 아빠가 화내서 미안해."

"저도 잘못했어요. 죄송해요."

뜨거운 포옹을 하고 내가 기도함으로 갈등을 마무리한다. 먼저 다가가 안아주고 내 연약한 모습을 고백하자, 꽁꽁 얼어붙었던 아이의 감정이 어느새 녹아 잘못을 시인한다. 그때마다 내가 꼭 건네는 말이 있다.

"그래도 아빠 아들(딸)!"

아이와 어려운 일을 겪고 화해할 때마다 같은 말을 해주는 이유는, 갈등이 관계를 넘어설 수 없기 때문이다. 자녀는 부모를 화나게 해도 자식이고, 기쁨을 줄 때도 사랑스러운 존재다. 이처럼 사랑으로 연결된 관계이기에 갈등으로 관계가 끊어지는 게 아님을 확인시켜 준다.

사람은 누구나 연약하다.

'내 실수로 하나님 아버지의 사랑에서 끊어지지는 않을까?'

이런 고민과 의심이 스멀스멀 올라올 때도 있다. 그러나 하나님은 우리가 잘못을 저질렀다고 "너는 내 자녀가 아니야"라고 말씀하시는 매정한 분이 아니다. 나는 아이들이 어릴 때부터 자신의 실수나 연약함이 하나님과의 관계에 기준이 되지 않길 바랐다.

실수와 연약함을 통해 오히려 서로의 관계가 견고해지는 사랑의 관계임을 각인시켜주고 싶었다. 그래서 아이들에게 "그래도 아빠 자녀야"라고 말해준다. 이 말은 "그래도 하나님 자녀야"와 같다. 하나님의 자녀는 실수하고 넘어져도 그분의 사랑에서 끊길 수 없음을 잊지 않길 바랄 뿐이다.

문제는 갈등의 발단이 아이가 아닌 나로부터 시작되었을 때다. 내가 명백하게 잘못했을 때는 잘못을 저질렀던 아이의 모습을 그대로 답습한다. 부끄럽지만 자존심 때문에 아이에게 쉽게 다가가지 못하고 괴로운 상태로 하루를 넘기기도 한다.

그런 상황과 마주하면 하나님은 찬양과 말씀과 설교를 통해 내가 아이에게 용서를 구할 것에 대해 순종을 요구하신다. 결국 괴로운 마음에 못 이겨 아이에게 찾아가 잘못을 인정하고 사과하며 용서를 구한다.

자존심의 벽을 깨고 자녀에게 용서를 구하는 건 매번 큰 용

기가 필요하다. 그러면 언제나 용서할 준비가 되어 있는 아이
는 아빠를 받아준다.

자존심을 지키기보다 아이와의 평안한 관계를 지키기 위해
용서받는 아빠를 선택할 때, 아이들의 존경도 함께 따라온다.
나는 내 실수와 연약함 모습을 통해 하나님 아버지께서 같은
말씀으로 함께해주실 줄 믿는다.

'형동아, 그래도 아빠 아들이란다.'

너희가 아들이므로 하나님이 그 아들의 영을 우리 마음 가운데 보내사
아빠 아버지라 부르게 하셨느니라 갈 4:6

책상이 부서지지 않았으면 마음이 부서졌을 거야

아내와 함께 외출 후 돌아와 현관에 들어서는 순간, 이상한
분위기가 느껴졌다. 한동안 화장실에 있다가 나온 조이의 눈
이 빨갰다. 무슨 일이 있었는지 물어봐도 말을 하지 않았다.

조이 방으로 들어가 자초지종을 물으니 비로소 온유와 다
툰 이야기를 털어놓았다. 이야기를 듣는 중에 조이 책상 아래
쪽 발판이 산산조각이 나 있는 게 눈에 들어왔다. 조이는 온
유와 다투던 중에 화가 치밀어 올라 분을 참지 못하고 자신
도 모르게 발로 내리쳤다고 말하며 다시 울먹였다.

동생들과 다툼이 있을 때마다 잘 참아왔는데 결국 감정이 폭발해 책상 발판을 부숴버린 거였다. 첫째로서 마음의 부담이 고스란히 느껴졌다. 부서진 발판을 보고 놀란 아내를 내보낸 후, 아이와 둘이 이야기를 나눴다.

조이는 온유와 말다툼을 하다가 무엇인가 속에서 끓어오르는 걸 주체하지 못하고 발로 내리쳤고, 정신을 차려보니 발판이 부서져 있었다고 했다. 아이는 자신이 한 행동에 꽤 놀랐을 뿐만 아니라, 우리에게 혼이 날까 봐 주눅이 들어있었다.

나는 자초지종을 다 들은 후에 아이를 안심시켰다. 아이의 마음을 만져주는 게 먼저였다. 나만큼 키가 자라버린, 그러나 마음은 아직 아이인 조이를 안고 다친 곳이 없는지 물었다. 아이는 힘이 빠져 축 늘어진 몸을 내 어깨에 기대고 계속 울었다. 마음이 풀린 것 같았다.

잠자리에 들기 전, 조이를 걱정하는 아내에게 말해주었다.

"책상 발판이 부서지지 않았다면, 아마 조이 마음이 부서졌을 거예요."

평소에 첫째가 갖는 무게를 고스란히 온몸으로 지탱하느라 얼마나 힘들었을지 생각하니 마음이 아팠다. 우리 부부는 아이의 잘못에 대한 책임을 묻기보다 먼저 아이의 마음을 헤아려야 한다는 원칙에 공감했다.

자녀의 문제를 통해 오늘도 부모수업은 계속되고 있다. 책에서 배울 수 없는, 삶으로만 배울 수 있는 진한 경험을 통해 우리 부부도 조금씩 성장하고 있다.

거울에 새긴 사랑

자정이 거의 다 되어 가는데 욕실에서 물소리가 멈추지 않았다.

"온유야, 그만 닦고 나와!"

"알았어요."

대답 후에도 아이는 한참이 지나서야 화장실에서 나왔다. 코로나가 막 시작될 즈음, 온유의 강박 증상도 시작되었다. 그전에는 아무 증상이 없었다. 갑자기 찾아온 강박증에 아내와 나는 신경을 곤두세웠다. 장시간 동안 샤워하고, 방에 들어갔다가 나와 다시 화장실 앞에서 한참을 서서 온갖 생각에 빠질 때도 있었다.

'내가 아이를 힘들게 한 건 아닌가?'

많은 생각이 들었다. 안타까움과 화가 뒤섞인 감정도 올라왔다. 이런 일이 왜 일어났는지, 아빠로서 역할을 잘해왔는지 회의가 들기도 했다.

마음을 추스르고 보습제를 들고 아이 방으로 들어갔다. 너무 닦아서 손과 팔뚝의 피부가 아토피를 앓는 것처럼 거칠고 검게 변해 버린 걸 보니 마음이 무너졌다. 아무 말 없이 보습제를 발라주다가 꾹 참았던 눈물이 흘렀다. 아이도 우는 것 같았다.

안방으로 돌아와 침대 위에 누운 후에도 눈물이 멈추지 않아 아내가 눈치채지 않게 수건으로 입을 틀어막았다. 얼마나 시간이 흘렀을까? 그렇게 울다 잠이 들었다.

손을 씻는 것으로 시작된 아이의 강박증은 점점 확대되었다. 샤워하는 시간이 더 길어지자 새 비누가 금세 닳아 없어졌다. 강박증은 온유만의 문제가 아니었다. 하나뿐인 화장실을 장시간 이용할 때마다 가족들은 많은 불편을 감내했다.

가장 큰 고통은 온유 자신이겠지만 강박증으로 힘들어하는 아이를 옆에서 보고 있는 우리의 심정도 안타깝고 고통스러웠다. 매일 온유를 붙들고 하나님께 치유를 구하며 기도했다. 의지로 해결되는 문제가 아닌 걸 알면서도 답답한 마음에 의지를 갖고 이겨내라며 재촉하기도 했다. 꾹꾹 눌러놨던 아이의 불만이 터져 나올 때면 가정은 긴장 상태가 되곤 했다.

자정이 다 되어 아이 방에 들어가 자는 얼굴을 쓰다듬으며 기도를 드렸다. '온유도 나름 힘들겠지' 하는 생각에 눈물이 맺혔다.

'하나님, 온유를 도와주세요.'

간절하게 기도를 드린 후에 잠든 아이 얼굴을 얼마간 쓰다듬어 주었다. 안방에 돌아와 잠을 자려고 했지만 쉽게 잠들 수 없었다.

하루는 혼자 방에 있는 온유에게 다가가 옆에 앉아 말을 건넸다.

"온유야, 많이 힘들지?"

"그렇게 힘들지는 않아요."

걱정하는 아빠를 안심시키기 위한 대답이었다.

"나는 네가 잘 극복하리라고 믿어. 불과 얼마 전까지 없던 습관이잖아. 요즘 너를 위해 더 많이 기도하고 있어."

가만히 듣던 온유가 재치 있는 한마디를 던졌다.

"그럼 내 강박이 은혜네요. 아빠를 더 기도하게 하잖아요."

서로의 표정이 밝아졌다.

"아빠도 이십 대 초반에 정신적으로 힘든 시기가 있었어. 이겨낼 수 있으니 희망을 놓지 말자. 네가 너와 같은 어려움에 부닥친 사람을 공감하고 하나님의 도우심을 함께 구할 수 있는 위로자가 되었으면 좋겠다."

대화를 나누는 동안 며칠간 나와 온유 사이를 가로막고 있던 갈등의 벽이 사라진 느낌이 들었다.

지금은 증상이 많이 호전되어 일상생활에 전혀 어려움이 없다. 의사도 크게 문제가 없다는 소견을 말해주었다. 아직은 힘든 과정을 겪고 있지만, 아주 조금씩 나아지는 온유를 위해 이른 아침마다 기도한다.

아이가 말한 것처럼 아이의 강박증으로 인해 하나님께 조금 더 가까이 다가가 그분의 마음을 배우고 있다.

책을 좋아하고 글쓰기를 좋아하는 온유가 일 년 넘게 독서를 힘들어했다. 어쩌면 아이의 강박은 독서에서 시작된 것 같다. 책을 읽다가 한 단어라도 놓친 것 같으면 처음부터 다시 읽고 또다시 읽다 보니 지쳐서 더 이상 읽지 못하는 지경에 이르렀다.

책을 가장 사랑하는 아이가 밤마다 몇 번이고 찾아와 독서에 대한 어려움을 토로하면 너무나 안타까웠다. 어떻게 위로해야 할지 몰라 그저 붙들고 기도할 수밖에 없었다. 독서전문가와 의사를 찾아가 상담도 받았지만 뚜렷한 해결 방안을 제시하지 못했다. 이런 상황이 지속되면서 또 다른 강박 증상으로 이어진 것 같았다.

나는 온유에게 위로와 힘을 주고 싶었다. 그래서 아이가 씻기 전 욕실 거울에 손가락 글씨를 써넣었다.

온유야 힘내! 하나님께서 너를 꼭 치료해주실 거야. 아빠가 기도할게.

마른 거울에 손으로 꾹꾹 눌러 쓴 글이라 맨눈으로는 잘 보이지 않았다. 이후 욕실에 들어가 힘들게 몸을 씻고 나온 아이가 밝은 표정으로 다가와 말했다.

"아빠가 욕실 거울에 쓴 거예요? 와! 감동이에요."

샤워하며 따뜻한 수증기가 차오르자 글자가 선명하게 보인 거였다.

아이의 고통을 함께 나눠지고 아파하는 게 부모다. 아니, 아이의 모든 아픔이 자신의 아픔이길 바라는 유일한 존재일 것이다. 물론 이는 부모 마음이 하나님 아버지 마음을 닮았기에 가능하다.

공감이 치유다

큰아이가 다가와 아프다며 상처를 보여주자 가만히 있던 막내도 갑자기 아픈 곳을 찾아봐달라며 들이민다. 이런 상황을 마주할 때마다 어릴 때 기억이 떠오른다.

초등학교 시절, 감기에 걸려 엄마에게 푸념을 늘어놓았다.

"엄마, 나 몸이 너무 아파요. 감기에 걸렸나 봐요."

나는 '많이 아파?' 하며 달래주는 엄마의 따뜻한 말을 듣길 원했다. 그러나 되돌아오는 말은 어린 내게 거절감을 심어주었다.

"엄마는 종일 일하고 와서 온몸이 쑤셔!"

내 감정을 받아주기보다 '내가 이렇게 고생하는데 아프다는 말이 나오냐'라고 하는 것 같았다. "많이 아프구나"라는 한마디가 듣고 싶었을 뿐인데 "나도 힘들어" 하며 내 감정을 밀어낸 데 대한 서운한 마음이 있었다.

알코올 중독자 남편을 대신해 가정 경제를 책임져야 하는 어머니의 고달픈 삶을 이해하지 못하는 건 아니었다. 하지만 당시는 어머니의 마음을 헤아리기에 내가 너무 어렸기에, 그때 받은 거절감이 성인이 된 후에도 불현듯 아픈 기억으로 떠오르곤 했다.

가정을 이루고 네 아이를 양육하는 지금, 어린 시절 거절감으로 인한 내 상처가 오히려 상처 입은 치유자로서 아이들을 대하게 한다.

"아빠, 목이 아파요."

"정말 아프겠다. 아빠가 기도해줄게."

이 한마디에 아이는 거짓말처럼 괜찮아졌다며 제자리로 돌아간다.

예수님은 사람의 몸을 입고 오셨고, 사람이 겪는 모든 문제를 몸소 겪으셨기에 인간의 작은 아픔까지 가볍게 여기지 않으시고 공감하셨다. 예수님의 공감은 십자가의 고통을 통해 모든 믿는 사람에게 구원의 길을 열어놓으신 것으로 증명하셨다. 주님은 상처 입은 치유자의 모델이 되어주셨다. 복음은 나와 내 삶을 변화시켜 주었다.

아픈 아이들에게 특효약은 '공감'이다. 진심 어린 공감은 아이의 아픔에 동참하는 가장 좋은 방법이다. 따뜻한 말과 기도로 상처를 싸매줄 때, 아이가 자신을 만져주시는 주님의 따뜻한 손길을 경험할 줄 믿는다.

아빠의 로망

아들 둘을 낳고 셋째는 딸을 소망하며 간절히 기도했다. 초음파 검사를 진행하던 의사도 첫째와 둘째가 사내아이인 줄 알아서인지 셋째 성별을 궁금해하며 진료했다. 의사는 대략 눈치챌 수 있는 단어로 아이 성별을 귀띔해 주었다.

아내와 나는 뛸 듯이 기뻤고, 진료비 영수증에 '할렐루야'로 사인해 기쁨과 감사를 표현했다. 사랑이는 이름처럼 사랑스러운 미소를 가진 착한 아이다. 아빠에게 다가와 따뜻한 말로 마음을 푸근하게 해주고 궁금한 게 많아 늘 질문한다. 내게는 항상 아기 같은 첫째 딸이다.

그런 사랑이에게 놀라운 변화가 시작되었다. 아내가 아이의 초경 소식을 전해주었다. 엄마로부터 성교육을 받아 이미 알고 있지만 막상 현실로 맞이하는 첫 경험에 아이는 불안해하고 불편해했다. 아내와 오빠들은 사랑이가 여성이 되어가는 놀라운 변화를 축복하고 축하했지만, 아이는 달갑지 않은 손님을 맞이한 듯한 표정이었다.

나는 사랑하는 딸아이가 초경을 할 때 축하의 꽃다발을 안겨주리라 오랫동안 생각했다. 그런데 그날이 수요예배가 끝난 후라 시간이 늦어 꽃집이 열려 있을지 의문이었다. 이곳저곳을 알아봤지만, 졸업 시즌이라 구하기가 쉽지 않았다.

가까스로 대형마트에서 꽃다발을 구해서 설레는 마음으로 집으로 돌아왔다. 현관문을 열고 뒷짐에 숨겼던 꽃다발을 불쑥 사랑이에게 건넸다.

"사랑아, 널 위해 준비했어. 여성이 되어가는 사랑이, 축하해. 그리고 고마워."

아빠의 마음을 아는 듯 사랑이의 어두웠던 표정이 밝아졌다. 불안했던 표정이 순식간에 행복한 표정으로 바뀐 아이를 꼭 끌어안고 축하하며 축복해주었다. 내게 아빠들의 로망과 같은 선물을 할 기회를 준 아이에게 어찌 고맙지 않을 수 있을까! 또 아이가 하나님께서 창조하신 섭리대로 성장하고 있어 감사했다.

'사랑아, 난 네가 아름다운 가정을 이루고 태초에 주신 자녀의 복을 통해 생명이 흘러가는, 놀랍고 경이로운 복음의 통로가 되길 바란단다.'

모두 내 자식인데

셋째와 넷째가 다투는 소리가 들렸다. 사랑이가 빌려준 물건을 시온이는 언니가 준 거라며 빼앗기지 않으려고 했다. 의사소통의 오해에서 비롯된 갈등이었다.

"사랑아, 시온이 혼내줄까?"

고개를 끄덕이는 아이에게 물었다.

"사랑이도 아빠 딸, 시온이도 아빠 딸인데 어떡하지? 대신 아빠가 꼭 안아줄게."

나는 사랑이를 꼭 안아주었다.

"이제 마음이 조금 풀리니?"

"아니요."

더 세게 안아주었다

"이제 마음이 조금 풀리니?"

"아니요."

"아주 조금은 괜찮아졌지? 그렇지?"

"아니요. 너무 세게 안아서 가슴이 더 답답해졌어요."

아이들을 보면서 문득 이런 생각이 들었다.

'하나님도 답답하시겠다. 이쪽에서는 저 사람 때문에 힘들다고 하고, 저쪽에서는 이 사람이 상처를 줬다며 이르는 기도를 얼마나 많이 듣고 계실까?'

이쪽도 저쪽도 당신이 사랑하는 자녀인데 누굴 혼내고 누굴 위로할지 고민하실 것 같았다. 아무리 안아줘도 풀지 않고 위로받지 않는 이기적인 백성을 여전히 사랑하시는 하나님의 마음을 헤아려 보았다.

잠시 후에 사랑이가 내게 와서 말했다.

"아빠, 나 시온이랑 화해했다요."

살짝 풀린 마음의 틈으로 화해가 들어온 것 같았다. 하나님 아버지는 당신의 자녀들이 화해할 수 있도록 항상 기다리시고 보듬어주신다. 하나님 사랑이 언제나 정답이다.

아빠도 그랬어

청소년기는 어른으로 가는 과정에서 성장통을 겪는 시기다. 정서가 불안정해 부모와 좀처럼 소통이 어렵고 갈등이 자주 일어난다. 자신을 이해하고 소통할 수 있는 친구들을 더 의존하고, 부모와 단절이 자연스러워지는 시기다. 우리 집에도 그때가 왔다.

조이에게 사춘기가 찾아왔다는 표현보다는 '조이가 사춘기를 통과하기 시작했다'라는 표현이 더 맞는 것 같다. 각자 정도와 차이는 있지만 대부분 아이가 성장하면서 어느 시점에는 꼭 지나가는 과정이니까.

다행히 조이는 감정적으로 민감함이나 부모와 단절도 없고, 사춘기를 심하게 겪지는 않았다. 단지 남자로서 2차 성징기를 거치며 성에 대한 많은 궁금증을 갖고 있었다.

나는 남자가 겪을 수 있는 2차 성징기의 특징을 주제로 대화를 시작했다. 가족이 많다 보니 집에서는 깊은 대화가 어려워서 일부러 차에 태워 운전하면서 대화했다. 성에 대한 궁금증을 포함해 다양한 주제로 이야기를 나누곤 했다.

신체적인 변화에 민감해진 조이와 대화하면서 어떤 행동에 대한 죄책감이나 수치심을 갖지 않도록 최대한 많이 해준 말이 있다.

"아빠도 그랬어."

자기 혼자만 겪은 걸로 생각하는 문제가 모든 남자가 보편적으로 경험하는 일임을 깨닫고는 안도하는 것 같았다. 긴 터널을 지나면 빛이 기다리고 있는 것처럼 조이가 사춘기도 무사히 통과하길 바랐다.

세상은 더 많은 성적 경험을 대단하게 보지만, 나는 아이가 하나님이 기뻐하시는 가정을 이루기 위해 하나님과 사람 앞에서 꼭 순결을 지켜내길 바란다. 요즘 같은 시대에 왜곡된 성에 대한 환상보다는 부부가 한 몸을 이루고 믿음의 자손을 잇는 가정의 신비를 경험하길 바라는 마음에 사춘기 소년에게 다양한 조언도 아끼지 않았다.

'아빠 때는 말이야'보다는 '아빠도 그랬어'라는 한마디가 아이의 마음을 얻기에 훨씬 좋다는 사실을 안 것만으로 사춘기 소년과의 대화는 성공적이었다.

아들 발에 붙은 유리 조각

아내에게서 전화가 왔다.

"빨리 집으로 와줘요. 얘네들 싸워요!"

급하게 집에 들어서니 분위기가 심상치 않았다. 조이와 온유가 심하게 다투었다. 아이들 덩치가 커지니 아내도 말리기 어려운 상황이었다. 흔하지 않은 일에 아내가 충격을 받아 심장박동이 빨라져 안정을 취해야 했다.

서로 기대고 의지하던 사이였는데, 온유의 강박증과 맞물려 조이도 온유에게 불만이 있었던 것 같다. 잘 참는다 생각했는데 한꺼번에 감정이 폭발하면서 다툼이 시작되었다. 덩치가 나보다 커 버린 아이들이라 훈육을 어떻게 해야 할지 복잡한 생각이 들었다.

아이들이 내 앞에서 무릎을 꿇었다. 조이는 복받치는 감정을 누르지 못하고 눈물을 흘렸다. 서로 각자 화난 이유가 있었지만, 그렇다고 싸움의 정당한 이유가 되지는 않았다. 아이들이 큰일을 저지를 때마다 대부분 차분하게 문제를 해결했지만, 이날은 그냥 넘어갈 수가 없었다. 한 명씩 세워놓고 따끔하게 훈육했다. 아이들 감정이 가라앉은 것 같아 마음을 가다듬고 교회 사무실로 향했다.

그런데 도착하자마자 조이에게서 전화가 왔다.

"아빠, 빨리 와보세요. 온유가 유리창을 깼어요."

급하게 다시 집에 가보니 온유가 맨발로 유리창을 깼다고 했다. 이중유리여서 다행히 큰 조각이 떨어지지는 않았지만 작은 유리 파편이 방 구석구석에 튀었다. 온유 발을 살펴보니 다행히 상처가 보이지 않았다. 나는 아무 말 없이 파편들을 치우기 시작했다. 아이 발에 붙어있는 날카로운 조각들도 조심스럽게 털어주었다.

"아빠, 이 녀석 혼내셔야지 왜 아무 말도 하지 않으세요!"

조이가 답답해하며 따끔하게 훈육해야 한다고 거들었지만, 나는 묵묵히 청소만 했다. 이렇게 해서라도 마음이 풀렸다면 더 이상 말할 필요가 없었다. 유리 조각을 털어주고 두세 번 방을 청소한 후에 조용히 나왔다. 지금까지 스스로 물건을 깬

적이 없던 아이이니 자신이 가장 놀랐을 것이므로.

퇴근하고 돌아오니, 언제 그랬냐는 듯 갈등은 가라앉고 아무 일 없던 상태로 돌아와 있었다. 나는 온유에게 감정을 배설하는 건 좋지만 위험한 상황을 만드는 건 좋은 게 아님을 일러주었다. 또 깨진 유리창 수리 비용은 반드시 용돈으로 내도록 했다. 내가 만든 문제를 스스로 책임질 수 있다면 반드시 책임져야 한다는 교훈을 남겨주려 했다.

그래서 유리창을 교체하면서 온유는 큰돈을 냈지만 느낀 점도 많았을 것이다. 아이는 종종 그때가 생각날 때마다 다시는 물건을 부수는 일은 없을 거라고 말했다.

온유의 발에 붙어있는 유리 조각들을 털어주는 일을 겪으면서 예수님이 십자가에 달리기 전날 밤에 제자들의 더러운 발을 주저 없이 만지며 먼지를 씻어주신 게 생각났다. 죄에 찔려 한 걸음도 내디딜 수 없는 우리의 모든 죄를 씻어주신 예수님의 사랑을 조금 더 묵상할 수 있었다. 문득 궁금해졌다.

'온유에게 나는 어떤 존재로 느껴졌을까?'

사춘기는 찾아가야 할 때

"아빠, 기도해주세요."

아이들이 안방으로 달려오면 꼭 포옹하며 머리에 손을 얹고 기도해준다.

"하나님 아버지, 사랑이가 키가 자라고 지혜가 자라고 하나님과 사람들에게 사랑받고 이웃을 사랑하는 아이가 되게 해주세요. 예수님 이름으로 축복하며 기도합니다."

아이들은 밤마다 축복기도를 받은 후에 잠자리에 든다. 지금도 사랑이와 시온이는 나를 찾는다. 하루를 마무리하는 은혜의 순간이자 우리 가정의 문화다. 그런데 어느 순간부터 조이가 보이지 않았다. 어릴 때부터 습관처럼 축복기도를 받고 잠자리에 들었는데, 하루 이틀이 지나도 오지 않아 서운한 마음이 들었다.

심한 사춘기는 아니지만 조이에게도 사춘기가 왔다. 사춘기는 '자기 생각대로 되는 게 없음을 알아가면서도 자기 뜻대로 되지 않는 상황에 열 받는 시기'라고 한다. 그래서 자신을 가장 잘 알아주는 유일한 대상을 찾아 마음을 터놓는다. 그에게 고민을 말하고 가족보다 더 친밀해지기도 한다. 그러다 보니 부모와의 관계는 소홀해지기도 한다. 이런 특성을 알면서도 서운한 건 서운한 거였다.

이런 마음을 아내에게 말했다.

"조이는 사춘기라고 이제 나한테 오지도 않네."

푸념하듯 내뱉은 말에 아내가 한마디 툭 던졌다.

"사춘기에는 아이가 찾아오는 게 아니라 아빠가 찾아가야 해요."

'아, 왜 그 생각을 못 했지? 내가 가면 되는데….'

이후로 조이 방으로 찾아가 축복해주기 시작했다.

"하나님, 조이의 진로를 열어주시고, 하나님께서 기뻐하시는 귀한 아들이 되게 해주세요. 예수 그리스도의 이름으로 축복하며 기도합니다."

"아멘!" 하는 사춘기 청소년의 볼을 쓰다듬고는 침실로 돌아왔다.

아내의 권면은 예수님이 모델이었다. 인간이 신을 찾을 수 없는 존재이기에 예수님이 인간을 찾아와 성육신하신 게 아닌가! 하나님 찾기를 멈춰버린 죄 많고 철없는 인간을 위해 먼저 찾아오신 하나님의 독생자 예수님의 변함없는 사랑을 일상에서 다시 한번 깨닫는다.

사춘기를 지나는 아이들이 '찾아오신 하나님'을 경험하길 바랄 뿐이다. 자신의 정체성을 재정립하는 시기에 다른 대상이 아닌 이미 찾아오신 하나님께 마음을 털어놓길 바란다. 그래서 하나님은 언제나 공감해주시는 분이며 누구에게도 말 못하고 마음에 담아둔 이야기를 터놓고 말할 수 있는 참된 친구가 돼주시는 분임을 알아가기를 바란다.

무조건 네 편이야

아이들이 교회 생활을 하면서 아빠가 목사이기 때문에 좋은 점도 있지만 상처받는 일도 있었다. 주일 저녁이 되면 아이들은 교회학교에서의 일을 가감 없이 말했다. 가끔 아빠가 목사이기에 받는 불이익에 대해 억울함을 토로하기도 했다.

아이들은 "목회자 자녀니까"라는 말을 가장 듣기 싫어한다. 교회학교 교사도 나쁜 의도로 아이들을 지적한 건 아닐 것이다. 하지만 아빠가 목회자라는 이유로 높은 잣대로 지적하는 데 아이들이 스트레스를 받는 걸 보면, 내 마음도 편치 않다. 그런 이야기를 들을 때마다 나는 아이들 편에 서서 말해준다.

"얘들아, 괜찮아. 아빠가 목사지 너희가 목사는 아니니까. 선생님 눈치 보지 말고 자유롭게 행동해도 돼. 너희는 잘못한 게 없어!"

아이들은 아빠가 자기들 편에서 든든한 지원군이 되어주는 것에 힘이 났을 것이다.

오래 전 지인이 들려준 이야기가 생각났다. 자녀가 어릴 때 학교에서 문제를 일으켜 교사와 면담했는데 아이 엄마는 일이 커지는 걸 원하지 않아 교사의 말에 어떤 반박도 하지 않았다고 한다.

그런데 곁에서 보고 있던 아이가 자기 입장에서 말 한마디

해주지 않는 엄마에게 상처를 받았다. 선생님 앞에서 자신의 억울한 처지를 대변해주지 않는 것 때문에 청년이 되어서까지 엄마에게 마음을 열지 않았다고 한다.

하나의 경험을 보편화할 수는 없지만, 믿었던 사람이 자기 편이 되어주지 않을 때의 정신적인 충격은 이루 말할 수 없을 것이다.

때로는 시시비비를 가려 누구의 잘못인지 밝혀내는 게 중요하지만, 그보다 먼저 자녀 편이 돼주는 게 부모의 역할이다. 아이가 상처받는 이유는 옳고 그름의 문제보다 마음을 만져줄 자기 편이 없기 때문이다. 하나님께서도 언제나 당신의 백성들 편에 서주셨다.

여호와께서 내 편이 되사 나를 돕는 자들 중에 계시니 그러므로 나를 미워하는 자들에게 보응하시는 것을 내가 보리로다 시 118:7

틈만 나면 배신하고 뒤돌아서는 백성이지만 자녀를 향한 사랑이 옳고 그름의 문제보다 한 발 앞서 작동한 것이다. 나는 앞으로도 철저하게 아이들 편에 설 것이다. 이유는 간단하다. 아이들에게 말했듯 내가 목사지 아이들이 목사가 아니기 때문이다. 더 큰 이유는 아이들을 향한 사랑 때문이다.

아이들이 자라면서 의견충돌이 잦아졌다. 진로 문제를 비롯해 생활 속에서 부딪히는 다양한 문제들 앞에서 의견이 나뉘면 서로 감정이 상하기도 했다. 그뿐 아니라 아이들 사이에 갈등이 발생하면 부모의 개입은 필연적인 동시에 더 큰 갈등을 일으키기도 했다.

한번은 가정예배를 드리기 위해 모였는데 "엄마 아빠는 일관성이 없어요"라며 온유가 불만을 말하기 시작했다. 뜬금없이 무슨 말인가 싶어 자초지종을 들어보니 한 시간 전에 동생과 장난을 치다가 동생을 울린 일이 있었는데, 그 문제가 해결되지 않았던 거다. 동생에게 사과하려는데 갑자기 형이 끼어들었다고 했다. 우리 집에서는 문제가 있을 때 제삼자는 참견하지 못하게 한다. 문제가 확대되고 서로 기분이 상하기 때문이다. 그런데 형이 끼어들어 한소리를 했음에도 우리가 아무 말도 하지 않고 묵인했다며 불만을 드러냈다.

온유의 말을 듣는 순간, 아내와 나는 기분이 상했다. 가정예배를 드리기 위해 모였는데 갑자기 이전 일을 들추어 불만을 토해내는 데 마음이 불편했다. 온유와 우리는 언성이 높아질 만큼 높아져 돌이키기 어려울 정도로 감정이 상했다. 그러면서 서로의 치부를 밝혀 정죄하는 지경에 이르렀다.

끝내 예배를 드리지 못했다. 나는 화가 난 상태로 온유에게 무릎을 꿇게 했다. 이런 식의 훈육은 아이에게 아무 효과가 없음을 알면서도 홧김에 아이에게 상처 주는 행위를 했다. 상황은 종료되었지만, 이후로 아이와 관계가 소원해졌다.

온유와 여러 번 갈등이 있었지만, 이번이 최악의 상황인 건 분명했다. 한집에 살면서도 아이와의 거리를 이렇게 멀게 느낄 수 있다는 걸 알았다. 우리는 서로 말하지 않았고, 내가 가끔 아이에게 건네는 말도 곱게 나가지 않았다. 흔치 않은 상황에서 피해는 고스란히 다른 아이들에게 흘러갔다. 딸들은 내 눈치만 살폈다. 아빠와 오빠로 인해 깨진 가정의 평화가 다른 아이들에게까지 나쁜 영향을 미치고 있는 게 신경이 쓰였다.

갈등이 있을 때마다 늘 당일에 정리하고 화해하기 위해 노력했는데, 이번만큼은 쉽지 않아 답답했다. 아들과 관계가 막히니 매일 이른 아침 드리는 기도도 되지 않았다. 하는 수 없어 시편 암송을 하며 하나님의 마음을 묵상하기 시작했다. 그때 마음속에 이런 생각이 떠올랐다.

'아빠는 아이가 감정이 풀렸을 때 돌아올 틈을 열어놓는 존재여야 해. 그러기 위해 아이에게 먼저 다가가 내 행동과 언행을 사과해야 해.'

하나님이 주신 마음 같았다. 감정적으로는 먼저 다가가는 게 쉽지 않았지만, 그것이 아이가 돌아올 틈을 열어주는 거라는 마음이 들었다. 아이와의 갈등은 대부분 옳고 그름이 아닌 감정의 문제다. 서로의 감정을 이해하지 않고 받아주지 않아서다. 그래서 내가 먼저 다가가면 아이는 마음이 정리되는 대로 그 틈을 통해 언제든 내게 손을 내밀 거라고 생각했다.

조이를 방에서 내보내고 온유와 단둘이 앉았다. 아이의 감정은 전혀 풀리지 않은 상태였다. 말문을 여는 게 쉽지 않았지만, 그래도 기도할 때 주신 마음으로 용기를 내어 말을 꺼냈다.

"온유야, 아빠가 기도하면서 느낀 게 있어서 잠깐 대화를 좀 하려고 왔어. 내가 화를 내면서 극단적인 말과 행동으로 네게 상처 준 걸 사과할게. 그래도 네 감정이 누그러지지 않을 수 있다는 것도 알아. 하지만 아빠로서 네가 내게 손 내밀 틈을 만들어 주고 싶어서 먼저 사과하는 거야. 마음이 풀리면 언제든지 말해. 난 항상 너를 받아들일 준비가 되어 있으니까."

순간, 눈물이 났다. 아빠의 진심 어린 사과에 얼음장 같은 마음이 조금은 녹은 듯 온유가 고개를 끄덕였다. 내가 먼저 손 내밀지 않으면 아이는 더 깊은 감정의 골짜기에서 헤어 오지 못할 것 같았다. 내가 지금 살 수 있는 이유도 하나님이 먼저 손을 내미셨기 때문이 아닌가!

아이에게 잘못을 인정하고 사과한다고 해서 부모의 권위가 땅에 떨어지지 않는다. 오히려 잘못된 고집을 놓지 못할 때, 부모가 얻는 건 존경과 권위가 아니라 돌이키기 힘든 자녀와의 갈등뿐이다.

하늘 아버지를 닮아가는 건 참 어렵다. 나는 여전히 좋은 아빠가 아니다. 그렇게 되기 위해 몸부림치는 아빠일 뿐이다. 내가 만들어 놓은 작은 틈으로 아이가 들어왔다. 그날 이후 우리 관계와 가정예배가 이전처럼 회복되었다. 할렐루야!

2
PART

삶의 이유 되시는
하나님 아버지

chapter **4**

복음 심는 아빠

믿음의 유업

첫째 조이는 말하기 시작하면서부터 성경을 암송했다. 알아듣기 어려운 발음이었지만 내 기억 속에는 아직도 아이가 암송한 창세기 1장 1절 말씀이 생생하다. 어린아이들과 젖먹이들의 입으로 권능을 세우시는 하나님의 말씀이 우리 가정에 이루어진 이 감동은 평생 잊을 수 없을 것이다.

아내와 나는 둘째 아이는 태중에 있을 때부터 암송으로 축복해주었다. 아내는 종일 암송하며 태중 아이에게 말씀을 들려주었고, 나는 저녁마다 아내 배를 어루만지며 들려주었다. 복중에 짓기 전에 이 아이를 알았다고 하신 말씀을 기도할 때마다 약속의 말씀으로 붙들었다.

아이가 태어날 때는 시편으로 축복해주었고, 자라면서 늘 말씀과 함께 성장하도록 돕는 역할을 했다. 그래서 네 명의 아이 중 암송을 못 할 것 같은 아이는 있었지만, 암송을 못 하는 아이는 없었다. 아이들의 특성을 고려하며 암송시킬 때 '이 아이에게 이 정도 분량은 어려울 거야' 하는 생각은 늘 기우였다. 오히려 마음먹고 암송할 때, 아이는 성경 한 장 분량의 말씀을 거뜬히 외우곤 했다.

우리 부부에게 암송은 그 자체가 목적은 아니다. 살아계신 하나님의 말씀을 아이들 마음에 새기게 하고, 예수님의 복음을 마음으로 믿어 의에 이르고, 입술로 시인하여 구원에 이르는 믿음의 사람으로 성장시키기 위함이다. 믿음은 살아계신 하나님의 말씀을 들음에서 나기 때문이다.

말씀암송의 또 다른 이유는, 예수님도 말씀을 암송하고 계셨기 때문이다. 그분이 하시는 모든 말씀이 곧 성경이었다. 예수님은 구약 말씀과 상관없이 자신의 말씀만으로 얼마든지 생명의 말씀이 되도록 하실 수 있었다. 그런데도 수많은 구약 말씀을 암송하여 인용하셨다. 광야에서 마귀의 도전에는 신명기 8장 말씀으로 대적하셨고, 십자가에서는 시편 말씀으로 마지막 유언을 남기셨다.

그러므로 하나님의 말씀을 마음에 품고 사는 삶이 곧 예수님 닮은 삶으로 자연스럽게 이어지리라 믿는다. 이 시대를 분별하고 세상의 지배에서 벗어나 하나님의 다스림 안에 머무는 건 쉽지 않다. 그러나 이는 예수 그리스도를 주로 시인하는 하나님의 자녀들이 누리는 특권이다.

안타깝게도 암송교육을 세뇌(洗腦)교육이라고 비판하는 사람들이 있다. 치열한 말씀을 증거하는 최전방에 있는 목회자가 암송에 대한 부정적인 견해를 드러내는 일도 있다. 세뇌의 사전적 의미는 '본디 가지고 있던 의식을 다른 방향으로 바꾸

게 하거나, 특정한 사상 또는 주의를 따르도록 뇌리에 주입하는 일'이다. 세뇌는 사상을 주입하는 거고, 신앙은 복음을 전달하는 거다. 세뇌는 인간의 욕망이 투영되고 사상에 합당한 맞춤형 인간을 찍어내지만, 신앙훈련은 하나님의 목적을 이루고 그분의 영광을 위한 인재로 준비시킨다.

세뇌의 목적은 인간이 만든 이론을 통해 사상을 주입해 영혼에 뿌리를 내리게 해서 사상 감옥에 영혼을 가두어 통제하려는 거다. 즉, 인간을 인간이 만들어 낸 이론에 가둬 자유를 박탈하기 위함이다. 그러나 암송은 하나님께서 인간에게 선물한 진리의 말씀을 통해 오히려 죄에 묶인 영혼을 해방하고 진리 안에서 자유를 얻게 한다.

세뇌는 통제, 신앙은 영혼의 보호와 자유가 목적이다. 세뇌는 인간이 만든 이론을 주입하고 신앙은 진리를 가슴에 새긴다. 말씀의 통제 안에 들어올 때, 참된 평화와 자유를 얻는 체험을 한다.

암송은 예수님 이전 시대 믿음의 선배로부터 시작해 예수님과 그 이후의 모든 세대가 지켜온, 하나님의 말씀을 듣는 가장 탁월하면서도 확실한 방법이다.

세대가 변해 주입식 교육에 대한 부정적 인식이 높아지고 있다. 하지만 나는 우리 아이들이 암송한 말씀을 통해 세상을 살 힘을 얻을 뿐 아니라, 세상을 품고 세상에 선한 영향력을 끼치는 아이들이 될 줄 믿기에 아이들 마음에 말씀을 심는다.

아빠의 유언

하루는 식탁에 앉아 커피를 마시는데 온유가 다가와 궁금한 게 있다며 질문했다.

"아버지는 한 시간만 살 수 있다면, 뭘 하실 거예요?"

내가 무슨 말을 할지 고민하는 사이, 아이가 대신 답했다.

"기도하실 거죠?"

고마운 답변이었다. 하지만 평소에 생각하지 않던 질문이라 잠시 망설이다 내 생각을 말했다.

"먼저 너희에게 유언을 남기고…."

"그리고 기도하실 거죠?"

"아니, 평소대로 살다가 마지막에는 찬양할 것 같은데?"

정말 그럴 수 있을지 모르겠지만, 내 바람대로 말해주었다. 온유가 대화를 이어갔다.

"아버지 유산은 이미 우리에게 주셨죠?"

"무슨 유산인데?"

"신앙이요."

"그래, 맞아. 예수님 잘 믿는 게 최고의 유산이야."

내 마음을 이미 잘 알고 있는 아이가 기특했다. 옆에 있던 사랑이가 끼어들었다.

"우리가 아빠한테 큰 선물이니까요. 아빠도 우리한테 큰 선물이에요."

짧은 시간에 죽음과 유언, 유산과 선물을 이야기하며 아이들의 마음에 심긴 복음의 은혜를 생각해봤다.

가끔 조이와 온유에게 내 유언을 알아맞혀 보라고 질문하곤 한다.

"아빠가 어떤 유언을 할 것 같니?"

"예수 잘 믿으라고 유언하실 거잖아요."

"어떻게 알았어?"

"뻔하죠."

가치 없는 뻔한 질문과 답변이 아닌, 내가 물려주고 싶은 가장 소중한 선물이기에 질문을 반복하는 것임을 아이들은 잘 알고 있다.

유언은 사람이 죽기 전에 평소 마음에 담고 있는 가장 소중한 것, 거짓이 없는 것, 자신은 이루지 못했지만 자식만큼은 꼭 이루길 바라는 것 등을 남기는 것일 게다. 그래서 부모로서 인생의 마지막에 자신이 품고 있는 가장 소중한 걸 사랑하는 자녀에게 남겨주고 싶은 건 너무나 당연하다.

어느새 많이 커버린 사랑이와 시온이에게도 같은 질문을 던져본다.

"아빠가 유언을 남긴다면 무엇을 남길까?"

아이들은 이구동성으로 "예수님 잘 믿으라는 거죠?"라고 한다.

"어떻게 알았어?"

"아빠는 뻔하죠."

남겨줄 재산이 있는 건 아니지만, 무엇보다 중요한 예수 그리스도의 복음이 아이의 심장에 새겨진다면 더 큰 복은 없을 거다. 아이들에게 땅의 가치가 아닌 영원한 선물을 남겨줄 수 있어 감사할 뿐이다.

흘러가는 신앙

늘 아이들의 질문에 답할 수 있도록 준비하고 있어야 한다. 가끔은 아이들의 생각을 듣기 위해 질문을 되돌려주기도 하지만 확신하는 답을 각인시켜줘야 할 때도 있다.

하루는 온유가 물었다.

"아버지, 하나님은 약속을 꼭 지키시죠?"

"네 말이 맞아, 하나님께서 하신 약속은 꼭 지키신단다."

하나님께서는 아브라함과 이삭과 야곱의 하나님이심을 늘

말씀하셨다. 아브라함, 이삭, 야곱과 언약을 맺고, 그들을 통해 언약의 신실하심을 이루셨다. 먼저 찾아오셔서 언약을 맺고, 당신이 맺은 언약대로 이루시는 신실하신 하나님은 지금도 동일하게 사랑하는 자녀와 약속을 맺고, 그것을 이뤄가신다.

이번에는 내가 온유에게 질문했다.

"그러면 하나님은 네가 원하는 약속을 꼭 지켜주시는 분일까?"

아들은 망설임 없이 답했다.

"아니요."

나는 우리가 원하는 걸 다 들어주시지 않는다고 해서 하나님이 안 계시는 건 아니라는 것과 하나님은 우리가 원하는 약속보다 하나님께서 원하시는 약속을 꼭 이루시는 분임을 알려주었다. 그리고 다시 물었다.

"그럼 하나님께서 원하시는 게 뭘까?"

"성령의 아홉 가지 열매를 맺는 거요."

"오! 아빠 마음이 감동된다."

뜻밖의 대답이었다. 아이가 한마디를 더 보탰다.

"믿음, 소망, 사랑이요~."

아이가 제자리로 돌아가기 전, 자기가 말씀 묵상한 내용을 들려주었다.

실천 1 하나님이 약속하신 걸 기다리겠습니다.

실천 2 성령이 우리 가운데 오신다는 걸 믿겠습니다.

실천 3 하나님의 약속은 끊어지지 않음을 믿겠습니다.

온유의 신앙고백이었다. 아이의 순수한 고백이 하나님 마음에 닿았으리라 믿는다.

내가 온유에게 말했다.

"믿음도 하나님께서 주셔야 받을 수 있는 거야."

아이가 말했다.

"그건 하나님 믿는 사람이라면 당연히 알고 있어야죠."

할렐루야! 이렇게 믿음은 흘러간다.

부산에 있는 처가에 갈 때마다 다대포에 다다르기 전, 낙동강과 바다가 만나는 강 하구를 지난다. 강원도 태백시에 있는 황지연못이 발원지인 낙동강은 우리나라에서 가장 긴 강이다. 작은 못에서 솟아나는 물줄기가 거대한 바다와 만날 수 있는 이유는, 솟아나는 물이 멈추지 않고 흐르기 때문이다. 고인 물은 바다에 닿을 수 없다. 흐르고 흘러야 언젠가는 바다에 이른다.

신앙도 흘러가야 한다. 부모가 자녀에게, 자녀가 그 자녀에게 끝없이 복음의 말씀을 전해야 다시 오실 예수님에게까지

닿을 수 있다. 나는 신앙이 가정마다 흐르고 흘러 그 주님께
닿기를 기도한다.

기도하는 아빠

나는 이십 대 초 청년 시절부터 밤 11시가 되면 기도 자리로
들어갔다. 가난하고 답답한 집에서 탈출해 편안하게 거할 곳
이 교회뿐이어서 버거운 삶을 버텨내기 위해 밤마다 하나님을
찾고 부르짖지 않으면 안 되었다.

기도하기 위해 예배당에 들어서면 하나님 아버지의 너른 품
에 안기는 듯 포근하고 따뜻한 온기가 나를 감쌌고, 마음이
차분히 가라앉았다. 밤늦게 기도를 마치면 교육관에서 잠을
자고 새벽에 일어나 새벽기도를 드리고 부스스한 모습으로 집
에 돌아오곤 했다. 그때는 그렇게라도 하나님께 매달리지 않
으면 살아내기 어려웠다.

이 기도하는 습관은 장소를 불문하고 유지되었다. 큰누나
집에 놀러 갔을 때도 밤 11시만 되면 방에 들어가 기도하느라
늦게까지 일하고 집에 돌아오는 매형에게 인사도 하지 못했
다. 하나님과의 약속 시간을 철저히 지켰다(나중에 인사하지
않는 처남 때문에 매형의 마음이 불편했다는 걸 알았다).

밤마다 기도하는 습관은 결혼하고 첫째 조이를 낳은 후에

도 계속되었다.

아이가 늦게까지 깨어있을 때면 놀아주다가도 기도하러 작은방으로 갔다. 하루는 아이가 아내에게 이런 말을 했다고 한다.

"아빠는 욕심쟁이예요."

화들짝 놀란 아내가 물었다.

"아빠가 왜 욕심쟁이야?"

"아빠는 기도하는 욕심쟁이예요."

자기와 조금 더 놀아주길 바랐는데 내가 기도하러 가버린 데 대한 불만을 표현한 거다.

한번은 조이가 내게 말했다.

"아빠는 기도할 때 무슨 할 말이 그렇게 많아요?"

내 가장 중요한 기도 제목은 언제나 아이들이 예수 그리스도의 복음을 붙들고 믿음으로 살아내며, 어떤 환경에서도 신앙고백을 잃지 않고, 각자에게 주신 달란트로 하나님의 영광을 돌리는 것이다.

내 눈물의 기도는 아이들의 인생을 하나님의 은혜로 적셔줄 것이다. 분명 인간의 눈으로는 아이들의 미래를 볼 수 없지만 기도하며 흘리는 눈물을 통해 하나님의 계획과 섭리 안에 있는 아이들의 미래를 볼 수 있다.

가정에서 아빠의 자리는 항상 기도의 자리여야 한다. 엄마의 기도로 아이들이 믿음의 자녀로 자라지만, 아빠의 기도 또한 매우 중요하다. 하나님 아버지와 친밀한 아빠의 기도를 통해 아이들도 하나님께 나아가는 방법을 배운다.

엄마의 기도로 일상에서 마음껏 부어주시는 하나님의 사랑을 경험하고, 아빠의 기도로 우주보다 넓고 따뜻한 하나님 아버지의 마음을 깨닫길 바랄 뿐이다.

감사하게도 이제 두 아들이 든든한 기도 동역자가 되었다. 그동안 혼자 기도하던 기도 자리는 어느덧 세 남자로 채워졌다. 잠자리에 들기 전, 아이들은 밤마다 무릎을 꿇고 하나님께 기도하며 영적 호흡을 하기 시작했다.

처음 기도할 때는 내 기도를 듣고 따라 하는 게 전부였는데, 그 시간을 통해 하나님과 호흡하는 방법을 조금씩 터득했다. 자신의 필요를 구할 뿐만 아니라 타인과 나라를 위해 기도하며 잰걸음으로 기도의 지경을 넓혀갔다.

세 남자가 한 하나님을 향해 같은 기도 제목으로 기도하는 시간은 무엇과도 바꿀 수 없는 소중한 순간이다. 기도를 마친 아이들이 먼저 잠자리에 들면, 나는 머리맡에서 아이들이 잠들 때까지 기도를 드렸다. 아이들은 자장가 같은 아빠의 기도 소리를 들으며 곤히 잠들었다.

그러다 전임 사역하면서 녹초가 되어 늦게 집에 돌아왔다. 피곤을 핑계로 아이들과 함께 기도하는 시간을 갖지 못했다. 그러던 어느 날, 온유가 한마디 던졌다.

"아빠, 저는 우리가 잠들 때까지 기도해주시는 게 너무 좋았어요. 그런데 왜 요즘은 안 해주세요?"

속으로 뜨끔했다. 아이는 함께 기도하는 시간을 기억하고 있었다. 아빠의 기도는 하나님의 마음에 닿을 뿐 아니라 자녀의 마음에도 닿는다. 아이들이 자라서 삶에 지치고 절망을 경험하는 순간에 내 기도가 그들 곁을 맴도는 작은 희망이 되어주리라 믿는다.

넌 누구니?

아이들이 참 아버지 되시는 하나님의 자녀인 걸 아는 것만으로도 신앙교육의 목적을 이룬 걸로 생각했다. 자신이 누구인지 알아야 험한 세상에서 흔들리지 않는 믿음으로 살 수 있기에 아이들이 어릴 때부터 정체성을 심어주는 게 내 중요한 임무였다. 그래서 아이들이 말하기 시작하면 틈날 때마다 안고 질문했다.

"너는 누구니?"

"아빠 딸이요."

감사한 일이다. 자신의 정체성을 아빠의 딸에 두고 있으니 말이다. 그러나 내가 원하는 답은 아니었다. 내가 또 물었다.

"너는 누구니?"

눈치챈 아이는 작은 입술로 아주 또렷하게 다시 대답했다.

"하나님의 존귀한 자녀예요."

내가 만족한 표정을 지으면 정답임을 알아챈 아이의 표정도 덩달아 밝아졌다. 첫째부터 막내까지 이 질문을 할 때마다 같은 말로 응답했다.

아이들은 아빠의 사랑을 통해 하나님의 사랑을 깨닫기도 한다. 반대로 아빠의 과도한 개입이 하나님과의 관계를 방해할 수도 있다. 하나님 없는 사랑, 구원의 감격 없는 행복은 참사랑과 행복이 아니다. 아빠를 통한 안정감에 멈추지 않고, 하나님 아버지 안에서의 안정감을 누리도록 아이들이 하나님의 사랑을 받으며 그분께 속해 있다는 사실을 끊임없이 알려주어야 한다.

아빠는 아이들에게 항상 1순위가 아니다. 언제나 차순위다. 참 아버지는 하나님이심을 육신의 아빠가 자녀에게 심어주어야 한다. 그래서 오늘도 아이들에게 묻는다.

"너는 누구니?"

"하나님의 존귀한 자녀고요, 아빠의 사랑스러운 아들(딸)이에요."

지혜로운 아이들의 답변에 행복한 미소를 짓는다. 부모의 손을 붙잡고 있는 아이에게 하나님이 참 아버지이심을 일깨울 때, 하나님께서 자기 손을 늘 붙잡고 계심을 깨달을 날이 올 것이다.

하나님께 찬양했니?

우리 부부는 네 아이를 홈스쿨링하고 있다(둘째는 얼마 전 고등학교에 입학했다). 아이 인생에 '성공'이라는 선물을 주고자 함이 아니었다. 수많은 지식을 습득하기 전에 하나님의 말씀으로 가득 찬 아이로 양육하고 싶었다. 성공이 아닌 하나님 앞에서 '성결'을 귀하게 여겼기 때문이다.

물론 성결한 삶은 예수 그리스도의 십자가 사랑과 부활의 능력을 믿어야만 얻을 수 있다. 그래서 아내와 나는 아이들이 태중에 있을 때부터 말씀을 들려주고, 태어나 말을 알아듣지 못할 때도 늘 말씀과 찬양을 들려주었다.

아이들은 매일 들려주는 말씀을 기억했고, 말하기 시작하면서 자연스럽게 말씀을 읊조렸다. 아이가 혼자 말씀을 읊조리거나 찬양을 흥얼거리는 모습을 몰래 바라보면 감동과 감사로 인한 행복감이 밀려왔다. 자녀에게 복음이 흘러가고 말씀이 심기며 찬양이 그 입술에서 흘러나오는 걸 보는 건 믿음의 가정에 주신 하나님의 더없는 선물이다.

나는 아이들이 태중에 있을 때부터 하나님의 말씀을 들었듯이 일상에서도 첫 시간을 하나님의 말씀으로 시작하길 바랐다. 아침에 일어나 먼저 시편으로 하나님을 찬양하라고 일러주었다. 그래서 내 일상 중 가장 중요한 임무가 아이들이 잠자리에서 일어났을 때 질문하는 거다.

"하나님께 찬양 드렸니?"

아이들은 암송하고 있는 여러 시편 중 한 편을 암송하며 하루를 시작한다. 나 또한 마찬가지다. 가끔은 잊어버리기도 하지만 생각나는 즉시 그 자리에서 시편으로 하나님을 찬양하며 하루를 연다.

그러나 이 거룩한 습관이 유지되는 건 쉽지 않았다. 오랫동안 쌓은 노력이 한순간에 무너질 때도 있었다. 그렇다고 아이들에게 당연히 강조해야 할 영적습관을 강조하지 않을 수는 없다. 아이들이 시편 말씀으로 하나님을 찬양하며 하루를 시작하는 삶을 통해 그들의 존재 자체가 하나님의 찬양이며, 그분께 찬양을 올리기 위해 지음 받았음을 마음 깊이 새기길 바라기 때문이다.

이 백성은 내가 나를 위하여 지었나니 나를 찬송하게 하려 함이니라

사 43:21

예배드리자!

아빠는 가정에서 영적 흐름이 잘 이루어지도록 늘 깨어있어야 한다. 잠깐이라도 방심하면 평소 자리 잡은 좋은 습관이 쉽게 무너진다. 우리 가정이 함께 지켜온 최후의 보루는 '가정예배'다. 이를 통해 우리 부부는 아이들과 같은 곳에 시선을 두고, 같은 하나님을 경배하는 예배자가 된다.

불행한 가정환경에서 자란 내게 하나님께서 주신 너무나 소중한 시간을 놓치고 싶지 않아서 끝까지 사수하는지도 모르겠다. 우리 가정에서는 가정예배를 통해 하나님의 말씀이 심기고 복음이 흘러간다.

우리의 가정예배는 즐거운 찬양과 기쁨이 넘친다. 무엇보다 아이들에게 행복한 기억으로 남는 예배가 되길 바란다. 아이들이 커서 예배의 내용을 기억하지 못할 수 있다. 그러나 가정예배를 행복한 경험으로 기억한다면, 이후에 가정을 이루어서도 하나님을 최우선으로 삼기 위해 가정예배를 드리게 될 줄 믿는다. "예배드리자~"라는 아빠의 소리가 하나님이 찾으시는 예배의 시간으로 인도하는 예배 알람이 되길 바란다.

하지만 가정예배가 마냥 즐거운 건 아니다. 예배 전에 다툼이 일어나거나 아이들의 예배 태도가 유난히 좋지 않을 때가 있다. 그러면 예배 중이라도 아이들을 지적하기도 하고 장난으로 드리지 않도록 일러주지만, 그런데도 장난을 심하게 치면 분위기가 험악해지기도 한다.

즐거움과 장난 사이를 줄타기하는 아이들을 보며 참지 못하고 싫은 소리를 뱉을 때도 있다. 그러면 예배를 방해하는 주범이 아이들이 아닌 인내하지 못한 내가 되기도 한다.

이렇듯 수많은 장애물이 있음에도 영적 유익을 포기하지 않기 위해 매일 예배를 사수한다. 진주에 흙이 묻었다고 해서 진주를 버리지 않는 것처럼 말이다. 갈등이 있을 때는 진정될 때까지 기다렸다가 예배를 드리기도 하고, 때로는 예배를 통해 마음이 풀려 화해할 용기를 얻기도 한다.

가정예배가 아이들에게 신앙과 믿음을 전수하는 가장 귀한 통로가 되도록 의도적으로 복음과 관련된 성경 구절을 항상 암송한다. 오랫동안 많은 위기가 있었고, 여러 문제로 예배를 드리다가 멈추고 다시 드리기도 했다. 하지만 우리는 계속 '하나님이 찾으시는 예배자'로 모일 것이다. 가정예배는 결코 놓칠 수 없는 은혜의 시간이기 때문이다.

나는 오늘도 가정예배를 드리기 위해 외친다.

"예배드리자~."

이사 온 후부터 아침마다 아이들과 기도하기 시작했다. 저녁에는 "예배드리자~"로 하루를 마무리하고, 아침에는 "기도드리자~"로 아이들과 식탁에 모여 하루를 연다. 아이들의 다양한 기도 제목과 주위에 어려운 일을 만난 이웃과 선교사님들을 위한 내용을 나눈다.

아이들과 함께 암송한 말씀을 붙들고 기도하기 위해 말씀을 먼저 암송한 후에 기도한다. 예수님도 하나님과의 관계를 유지하시기 위해 습관을 따라 산에 올라가 기도하신 것처럼, 아이들이 기도를 통해 하나님과의 친밀한 관계를 유지하길 바랄 뿐이다.

함께 드리는 기도는 자녀에게 성경적 가치관을 심어줄 수 있는 최고의 시간이다. 또 사회에서 일어나는 다양한 문제를 놓고 함께 기도하면 아이들이 성경적 가치관을 배울 수 있다.

낙태가 합법화되는 걸 막아주시도록 기도하며 생명의 주관자가 하나님이심을 인식하게 되고, 자연스럽게 성경적 가치관을 장전하게 된다. 또 세계 곳곳의 선교사님들을 위해 기도할 때마다 예수님이 말씀하신 지상명령의 중요성을 인지시킨다.

주위에 어려운 일을 만난 사람들을 위해 기도할 때, 내 몸과 같이 사랑하라고 하신 하나님의 말씀을 실천해야 하는 가치관이 자리 잡는다. 기도에 응답해주시는 하나님을 경험하기도 하고, 기도의 과정을 통해 그분의 뜻을 알아가는 시간이기도 하다.

무엇보다 기도하기 시작하면서, 우리 가정에 갑자기 닥친 어려운 시간을 함께 이겨나갈 수 있었다. 우리는 5층 옥상 사택에서 코로나 기간을 잘 이겨낸 후에 내가 사임하면서 빛이 잘 들어오지 않는 반지하로 이사했다.

아마 아이들도 어두운 골짜기를 지나는 가정 형편을 짐작했을 것이다. 우리는 이 시기를 말씀과 기도로 극복하길 원했다. 그래서 매일 시편 121편을 함께 암송하며 하나님께서 지켜주시길 간절한 마음으로 기도했다.

내 주 예수 모신 곳이 장소가 아닌 '마음'이라는 것과 서로 안에 함께하신다는 걸 경험했다. 가장으로서 느끼는 현실은 참혹하지만 새로운 환경에 조금씩 익숙해지며 기도하면서 이겨내고 있다.

지금은 다른 시편을 아침마다 읊조리며 수많은 기도 제목을 놓고 기도한다. 때론 간절함이 없어 보이는 아이들을 보면 마음이 어려울 때도 있지만, 그 시간을 거부하지 않고 함께하는 것만으로 감사하다. 매일 드리는 아침기도를 통해 아이들이 하나님나라의 확장을 목도하고, 성경에서 말하는 가치관으로 하나님과 이웃을 사랑하길 간절히 소망한다.

성경 읽어주기, 동화책 읽어주기

저녁마다 말초신경을 사로잡았던 TV 유선방송 서비스를 둘째가 태어날 무렵에 끊고, 아이들에게 책을 읽어주기 시작했다. 아이와 소통하는 방법은 생각보다 간단했다. 불통하게 만드는 것과 불통하면 되었다. 스마트 기기를 절제하고 그 시간에 아이와 함께하기로 선택했다.

나는 큰 아이들을, 아내는 작은 아이들을 데리고 책을 읽어주었다. 아이들은 책을 읽어주는 부모의 목소리를 들으며 책을 좋아하게 되고, 부모와의 친밀감도 더욱 깊어졌다. 또 책 내용을 이야기의 소재로 삼아 소통하기 시작하면서, 아이들은 삶에 책이라는 소통의 도구가 있음을 알아갔다.

모일 때마다 내가 구호처럼 먼저 외쳤다.

"와~ 아빠랑 신나게 책 읽는 시간이다!"

신나게 외치면 아이들은 손뼉 치며 환호성을 질렀다. 십오년 동안 책을 읽을 때마다 외치는 즐거운 소리. 처음에는 아이들이 흥미를 갖고 찾아오는 책을 하나씩 읽어주었다. 그러자 저녁 시간이 어느 때보다 풍성해졌다. 아이들은 아빠의 목소리로 듣는 것만으로 책의 내용과 상관 없이 즐거워했다.

바쁜 날에는 내 목소리로 녹음해서 들려주었다. 어떤 날은 같은 책을 수없이 반복해서 읽어주기도 했다. 같은 책이지만 아이들은 들을 때마다 다른 생각을 한다는 걸 알았다. 이전에는 보지 못했던 그림에 눈길을 주고, 지나칠 만한 내용에 의문을 품고 질문하며 생각이 확장되었다.

아이들과 책을 읽기 전에 어린이 성경책을 읽어주었다. 그래서 아이들은 항상 내 무릎 위에 성경책을 가장 먼저 가져다 놓았다. 나는 성경 이야기를 한 장씩 들려주었다. 어떤 가치보다 귀한 하나님의 말씀이 아이들 마음에 가장 중요한 가치로 남길 바랐다. 책 읽는 시간은 자연스럽게 아이들과 내가 소통하며 하늘의 가치를 흘려보내는 시간으로 자리 잡았다.

책 읽는 것 자체가 목적이 아니라 관계의 친밀함이 목적이다. 시간이 흐르면 아이들은 어떤 책을 읽었는지 기억하지 못할 수도 있다. 그러나 아빠라는 존재가 아이의 가슴속에 따뜻한 온기로 남을 것이다. 더 나아가 하나님 아버지와 더욱 친밀해지는 아이들의 삶이 되길 바란다.

시간이 흐르면서 조금씩 내가 원하는 책을 중간중간 끼워 넣었다. 주로 기독교적인 가치관이 담긴 책들이었다. 《나니아 연대기》 전권을 읽어줄 때는 보이지 않는 세계에 대한 동경이 아이들 마음속에 자리 잡길 바랐다. 때로 아이들이 집중하지 않고 다른 행동을 하면 힘들기도 했지만, 돌아보면 그런 추억 하나하나가 아이들 인생을 채울 좋은 계기가 되었다.

점점 기독교 가치관이 스며있는 책을 많이 읽어주었다. 첫 아이가 중학생 나이가 될 때까지 책을 읽었으니 꽤 오랫동안 읽어준 것 같다. 책을 읽는 동안 오가는 수많은 질문은 아이들의 사고와 창의력을 강화하고 또 성경에서 말하는 가치관을 심어주는 좋은 기회가 되었다.

아이들은 어땠을까? 내게 '동심 파괴자'라는 별명을 붙여주었다. 책을 읽을 때마다 아빠의 질문에 아이들은 늘 생각하며 고민해야 했다. 대부분의 유명한 동화의 줄거리가 신앙과 거리가 멀었다. 주인공이면 남의 물건을 훔치거나 사람을 해쳐도 무조건 용서되는 듯한 내용을 마주하면, 여지없이 아이들에게 질문했다.

"주인공이라고 남의 물건을 함부로 훔쳐도 될까? 어떻게 생각해?"

《잭과 콩나무》의 내용을 이미 아는 아이들은 그동안 생각하지 않았던 질문을 듣고 고민에 빠졌다. 물론 아이들에게 다양한 상상력을 기를 수 있는 질문도 가능하겠지만, 먼저는 성경에서 말하는 정체성을 갖게 하는 게 목적이었다.

얼마나 많은 책이 아이들을 그릇된 가치관으로 안내하는지 안다면, 재미의 가치로 진리의 가치를 대신하는 우를 범하지 않을 것이다.

내 아버지는 매일 술에 취해 있었다. 그래서 아버지와 놀아
본 기억이 없고, 가정을 돌보지 않았던 아버지와 함께했던 순
간은 행복과 거리가 멀었다.

그래서 나는 더욱 성경 놀이를 통해 아이들과 좋은 추억을
만들고 싶었다. 성경으로 역할극을 만들어 놀아주기 시작했
다. 예루살렘 입성하신 예수님 놀이를 할 때가 가장 힘들었
다. 나는 늘 나귀였기 때문이다. 예수님을 자처하며 아빠 나
귀에 올라타는 두 사내아이 때문에 무릎이 남아나질 않았다.

아이들과 제일 많이 했던 성경 놀이는, 다윗이 골리앗을 물
리치는 장면과 예수님이 십자가에 못 박혀 돌아가시는 장면을
연출하는 거였다. 아이들은 다윗이 되고 나는 골리앗이 되었
다. 거대한 골리앗 앞에 기세등등하게 나타난 작은 다윗은 장
난감 물맷돌을 휘휘 돌리며 외쳤다.

"너는 칼과 창과 단창으로 내게 나아오지만 나는 만군의
여호와의 이름으로 네게 나아가노라!"

날아오는 물맷돌에 맞은 골리앗인 내가 비명을 지르며 그
자리에 쓰러지면 아이들은 환호했다. 다윗의 승리는 하나님의
승리였다. 아주 가끔은 다윗이 돼보기도 하지만, 대부분 나는
하루에도 수없이 물맷돌에 맞아 죽어야 했다.

한번은 형제가 레고로 만든 망치를 가지고 와서는 나를 책

장 앞에 세웠다. 조이가 내 오른팔을 들어 못을 박기 시작하면 곧이어 온유가 왼팔을 들어 못을 박았다.

"쾅! 쾅! 쾅!"

이번에는 발에 못을 박았다. 레고로 만든 망치 소리가 들릴 때마다 나는 고통스러운 신음을 내며 고개를 좌우로 흔들었다. 아빠 예수님은 서서히 죽어갔다. 그러나 죽음이 끝이 아니었다. 예수님 역할의 백미는 부활이다. 나는 고통스럽게 죽었다가 영광스럽게 부활하는 역할을 완벽하게 해냈다.

아이들과 놀이하면서 수없이 죽었지만, 수없이 많은 부활의 영광도 누렸다. 아이들은 놀이를 통해 성경으로 들어가 성경의 인물이 되었다. 나는 성경 놀이를 통해 아이들 자신도 하나님의 역사에 포함되어 있음을 알아가길 바랐다. 아이들이 이 시대의 다윗이 되고, 부활하신 예수 그리스도의 영광을 품고 살아갈 줄 믿었다.

그렇게 나도 아빠로서 해야 할 역할을 배워갔다. 대부분은 희생하며 죽는 역할이었다. 성경 놀이는 내 삶에도 그대로 적용되어야 함을 알아갔다.

대화로 알아가는 예수님

"아빠, 예수님은 어떻게 죽었다가 살아나실 수 있어요?"

궁금증이 있을 때마다 질문하는 사랑이가 물었다. 나는 아이의 의도와 상관 없이 질문했다.

"사랑아, 예수님은 '죽었다가 어떻게 다시 살아날 수 있나?' 이런 의심을 받지 않아도 되는 분인데, 왜 돌아가셔서 의심을 받으실까?"

사랑이가 고민하는 사이, 온유가 끼어들었다.

"예수님은 하나님의 아들이심을 증명하기 위해 다시 살아나신 거야!"

정확하고 멋진 답이었다. 나도 한마디 거들었다.

"예수님이 우리를 사랑하셔서 우리 죄를 지고 십자가에서 돌아가시고 사흘 만에 부활하신 거야."

대화 속에서 아이들이 십자가의 진리에 한 걸음씩 다가가는 것 같아 감사했다.

하나님께서 예수님을 보내실 때, 사명을 주셨다. 예수님의 사명은 십자가의 죽음이었다. 죽으러 오신 것이다. 십자가의 고통과 인류를 사랑하는 그분의 사랑의 크기는 비례했다.

놀랍게도 예수님은 죽음으로 사명을 감당하셨고, 부활로 사랑을 완성하셨다. 인간을 하나님과 화목하게 하려고 돌아가셨고, 성령의 능력으로 죽음에서 부활하신 걸 믿는 부활 신앙이 아이들 심비에 새겨지길 바랄 뿐이다.

예수님의 죽음과 부활을 의심하는 사람들 틈 속에 살아야 하는 아이들이 질문을 통해 의심이 아닌 의로운 마음의 소유자로 성장하게 될 줄 믿는다. 예수님은 의심받을 필요가 전혀 없는 분이지만, 우리를 사랑하셔서 생명을 던져 사명을 감당하셨다. 생명을 살리기 위해 자기 몸을 십자가에 내어주시고 부활하신 예수님이 우리 가정의 주님이시다.

사순절 기간에는 평소보다 예배 시간이 길어진다. 궁금한 걸 못 참는 아이들의 질문이 터져 나오기 때문이다. 질문이 꼬리를 물면 아이들은 각자 생각의 샘을 퍼올리기 시작한다. 온유의 질문을 시작으로 대화가 이어졌다.

"예수님은 신이시니까 십자가에 못 박힐 때, 하나님의 능력으로 고통을 느끼지 않으실 수 있었을 것 같아요."

나는 평소와 달리 아이들에게 되묻지 않고 길게 설명했다.

"그래? 예수님의 신성과 인성은 오랫동안 지속되었던 논쟁거리였어. 그런데 성경에서 예수님은 완전한 하나님인 동시에 완전한 인간이셨지. 그래서 배고프시고 피곤과 고통도 느끼셨던 거야. 오래전에 세네카라는 철학자는 철학자들이 고통을 이겨냈기 때문에 고통을 모르는 신보다 우월하다고 했어. 고통을 느낄 수 없는 신보다 고통을 느끼고 이겨낸 철학자가 위에 있다고 생각했지.

다시 말하면, 고통을 느낄 수 있는 인간이 그러지 못하는 신보다 위에 있다고 생각한 거야. 이런 신념을 가진 세네카는 왕을 모반한 사건으로 사형을 당할 때, 죽음의 고통도 마다하지 않고 더욱 고통스럽게 죽을 수 있었대. 그런데 세네카는 기독교의 신은 그렇지 않다는 걸 몰랐을 거야.

우리 예수님은 고통받는 사람들을 멀리서 바라보고만 있는 분이 아니거든. 직접 인간세계에 인간의 몸으로 오셔서 모든 고통과 아픔을 다 겪으신 거야. 물론 십자가에서도 신의 능력으로 고통을 거부한 게 아니라 스스로 그 안으로 들어가셨어. 인류가 지은 모든 죄의 고통을 다 받으신 거지. 왜냐하면 완벽한 인간이기도 하셨기 때문이야."

설명을 마치자, 온유와 아이들은 "우리 예수님, 멋지다!"라고 환호했다. 아이들과 대화를 통해 예수님을 알아가는 재미가 쏠쏠했다.

의심(疑心)에서 의심(義心)으로

두 아들이 어릴 때 매주 목요일이면 함께 집에서 좀 떨어진 탁구장으로 개인지도를 받으러 다녔다. 하루는 조이가 손을 다쳐서 온유와 둘이 집을 나섰다. 차에 타자마자 아이에게 물었다.

"온유는 마음으로 예수님을 영접했니? 예수님이 하나님의 아들이심이 믿어지니?"

아이는 망설임 없이 대답했다.

"네. 믿긴 믿지만 조금 의심될 때도 있어요."

나는 태연한 척하면서 말했다.

"그래, 아빠도 조금 의심할 때가 있었어."

아이는 내 말에 안심하는 것 같았다. 차로 이동하는 동안 더 많은 대화를 나눴다.

"의심은 나쁜 게 아니야. 더 큰 믿음을 얻기 위한 목적으로 의심하고 질문하는 건 좋은 거야."

"네."

온유의 목소리가 한결 밝아졌다.

아이에게 믿음을 강요할 수 없다. 마음에 심긴 말씀이 성령을 통해 열매 맺을 때 흔들리지 않는 믿음을 소유하게 될 날을 기다린다. 아이의 의심은 믿음을 자라게 하는 밑거름이 될 것이기에 나는 함께 대화할 뿐이다.

아이가 믿음이 없는 것 같은 말을 할 때, 확대해서 생각하지 않으려 한다. 부모가 조급해한다고 믿음의 키를 한 자라도 더 키울 수 없기 때문이다. 부모의 조바심은 아이의 신앙에 해악이 될 뿐이다. 그래서 인내와 사랑이 담긴 주의 교훈과 훈계로 양육하며 기도한다.

운동을 끝내고 집으로 돌아오며 온유가 물었다.

"아빠, 사람은 암에 걸리면 죽죠?"

"다 죽는 건 아니야."

"아빠는 아프신 데 없죠?"

"어, 아픈 데 없어."

"그래요? 아까 아빠가 질문할 때 유언하는 줄 알았어요. 그래서 눈물이 조금 났어요."

나는 괜한 질문을 한 것 같아 미안했다. 벌써 아이가 부모를 걱정할 때가 되었나 싶다. 많이 자란 것이다. 몸도 마음도 자라듯 아이의 믿음도 잘 자랐으면 좋겠다. 험한 세상에서 부모의 신앙에 기대지 않고 질문하며 하나님의 응답을 구할 때마다 의심(疑心)이 의심(義心) 되는 믿음을 소유하길 기도한다.

왜 절망을 보니?

하루는 온유가 직접 찍은 사진 두 장을 보여주었다. 하나는 긴 터널 끝에 빛이 비치는 장면이고, 다른 하나는 반대로 터널 끝이 어두워 절망적인 느낌을 주는 장면이었다. 아이는 첫 번째 사진을 가리키며 '희망'이라고 했다. 나는 두 번째 사진을 보고 말했다.

"온유야, 희망만 보면 되지 왜 절망을 보니?"

"두 번째 사진은 희망으로 빠져나온 뒤 제가 머물렀던 절망을 뒤돌아본 거예요."

나는 온유의 멋진 생각을 칭찬했다. 요즘은 아이의 생각을 따라잡기가 점점 어려워진다.

가난한 대학 시절, 머릿속으로 가장 많이 떠올렸던 장면이 온유의 첫 번째 사진이었다.

'이 고난의 터널을 지나면 반드시 빛을 볼 수 있을 거야.'

이 희망을 놓지 않았다. 돌아보면 그 순간에도 빛 되신 예수께서 늘 함께하셨다. 내가 늦깎이 대학 생활을 하면서 고난을 통해 겨우 깨달은 걸 어린 온유가 벌써 알아낸 거였다.

내가 말했다.

"그래, 하나님 자녀의 삶은 동굴이 아닌 터널의 삶이란다. 어둠 속을 걷다 보면 빛이 보이고, 조금 더 지나면 터널 밖에서 빛에 둘러싸인 자신을 발견하지. 혹여 절망적인 상황에 있더라도 항상 희망에 시선을 두렴.

굳이 절망을 보려거든 네 말대로 지난 후에나 뒤돌아보거라. 절망을 희망으로 바꿔주시는 하나님의 은혜도 함께 보게 될 거야. 그리고 기억하렴. 절망 속에서도 그리스도를 바라볼 수 있다면, 이미 터널의 끝에 다다른 거야."

하나님의 눈으로 자녀 바라보기

부모는 하나님의 시선으로 자녀를 바라보는 존재다. 하나님의 섭리와 계획이 아이의 인생에 적극적으로 개입하고 있음을 믿음의 눈으로 바라본다. 그리고 아이의 삶이 사람의 기준에 따른 형통함이 아닌 하나님의 뜻과 목적이 이루어지는 형통함이기를 바란다.

아이가 가진 재능과 달란트는 그 목적을 이루기 위한 작은 도구지 전부가 아니다. 이것이 아이가 조금 뒤처지거나 늦더라도 조바심을 접고 기다리며 기도해야 하는 이유다.

출애굽기 2장 말씀을 묵상할 때, 한 구절이 내 눈에 들어왔다. "그가 잘생긴 것을 보고 석 달 동안 그를 숨겼으나"

애굽 왕 바로는 위협적으로 늘어나는 히브리인들을 견제하기 위해 잔인한 인구정책을 단행한다. 바로는 히브리 산파들에게 히브리인 남아들을 죽이라는 명령을 내렸지만, 하나님을 경외했던 산파들이 아이들을 살려주었다.

왕은 발악하듯 백성들에게 히브리인 남아가 태어나면 모두 나일강에 던져버리라고 명령했다. 태어나자마자 강에 버려져 죽어가는 아이들을 보는 부모의 마음은 어땠을까? 말할 수 없는 고통의 통곡이 온 나라에 가득 찼을 것이다.

그러나 어린아이들이 죽어가는 죽음의 시대에도 변함없이 하나님의 생명의 역사는 진행되었다. 우상의 땅에서 노예처럼 하루하루 연명하며 살지만, 정체성의 혼란을 극복하고 끝까지 믿음을 지켰던 레위인 부부가 있었다. 하나님께서는 이들 사이에서 태어난 한 남자아이를 통해 이스라엘을 애굽에서 구원할 계획을 시작하신다.

레위인 부부는 사내아이가 태어나자 잘생긴 것을 보고 석 달을 숨겼다. 여기에 "잘생겼다"라는 말은 창세기에서 하나님께서 천지를 창조하실 때 말씀대로 창조된 아름다운 세상을 향해 감탄하시며 "보시기에 좋았더라"라고 하신 말씀과 같은 의미를 가진 단어다.

절체절명의 순간에 아이를 살리기 위해 숨긴 이유는, 자식이기 때문이기도 하지만 엄마 요게벳이 하나님의 눈으로 모세를 보았기 때문이다. 사도행전 7장 20절을 보면, 그 의미가 더욱 선명하게 다가온다.

그때에 모세가 났는데 하나님 보시기에 아름다운지라 그의 아버지의 집에서 석 달 동안 길리더니

누가는 하나님께서 모세를 어떻게 보고 계셨는지 소개한다. 하나님 보시기에 아름다웠다는 말을 통해 모세를 향한 그분의 놀라운 계획이 있음을 주목하게 한다.

하나님은 요게벳을 통해 모세를 보존하시고 하나님의 목적

대로 이스라엘의 지도자로 세우셨다. 요게벳이 모세를 숨겨놓았던 삼 개월은 그의 백이십 년 인생을 통해 역사하신 하나님 섭리의 출발이었다. 시대의 위협이 그분의 계획을 끊을 수 없었다. 그것을 위해 하나님께서는 요게벳을 사용하셨다.

나는 이 말씀을 우리 아이들에게 동일하게 적용했다. 부모는 요게벳처럼 하나님의 눈으로 자녀를 보는 사람이기 때문이다. 환경과 상관없이 자녀 안에 가득 채워진 하나님의 계획을 보는 것. 자녀 양육의 한계에 부딪히고 막다른 골목까지 내몰려도 하나님께서 자녀를 통해 행하실 일을 믿음의 눈으로 바라봐야 한다.

물론 자녀를 키우면서 속상할 때가 많다. 변하지 않는 모습과 부모의 기대에 미치지 못하는 모습을 보며 낙심하기도 한다. 남들이 모르는 아이들의 문제 앞에서 하나님께만 눈물을 흘려야 하는 숱한 어려움을 겪어도 자녀를 향한 하나님의 시선을 놓치지 말아야 한다. 하나님께서 우리에게 맡겨주신 자녀를 통해 당신의 선한 목적을 이루시고, 하나님나라를 위해 멋지게 사용하실 것임을 믿음의 눈으로 바라보자!

믿음으로 모세가 났을 때에 그 부모가 아름다운 아이임을 보고 석 달 동안 숨겨 왕의 명령을 무서워하지 아니하였으며 히 11:23

아이들은 면역력이 떨어질 때 감기나 다른 질병에 노출된다. 때론 질병이 아닌 사고로 상처를 입기도 한다. 아이들이 많다 보니 병원 응급실에 드나드는 게 다반사다. 아이들은 몸이 아프거나 컨디션이 좋지 않으면 항상 내게 기도를 받는다. 아이의 머리나 아픈 곳에 손을 얹고 치유를 위해 기도한다.

"하나님, 우리 사랑이가 목이 아파요. 하나님께서 꼭 치료해주세요. 사랑이가 몸이 아프고 힘들 때도 하나님을 사랑하게 해주시고, 약할 때나 건강할 때 상관없이 신앙고백을 할 수 있게 해주세요. 예수님 이름으로 기도드립니다. 아멘."

아이가 아프면 부모가 빠른 치유를 바라며 기도하는 건 당연하다. 하지만 나는 아이들이 하나님의 치료를 경험하고 회복될 때만 그분을 인식하는 게 아니라 어려움을 겪는 상황에서도 그분을 향한 신앙고백을 잃지 않길 바란다. 좋은 일을 경험할 때만 하나님을 느끼고 반응한다면, 더 강도 높은 기적에 중독되어 작은 일이나 일상에서 경험하는 은혜에 무감각하게 될 것이기 때문이다.

예수님은 베드로가 고백했던 이 신앙고백 위에 교회를 세우셨다.

주는 그리스도시요 살아계신 하나님의 아들이시니이다 마 16:16

초대교회는 베드로의 이 고백 위에 세워졌다. 초대교회 성도들은 생명을 위협받는 핍박과 고통의 상황에서 예수 그리스도가 살아계신 하나님의 아들이심을 고백했다. 핍박의 시대에 예수를 믿는 것만으로 유죄판결을 받아 감옥에 갇혔음에도 그들의 신앙고백을 멈추지 않았다. 이것이 언제 끝날지 모르는 불행한 현실에 저항하는 가장 강력한 영적 무기였다.

그들에게 신앙고백은 환경에 좌지우지되지 않는 결연한 믿음의 결단이었다. 이것을 아이들에게 알려주고 싶어 치유를 위해 기도할 때마다 어떤 상황에서도 신앙고백을 잃지 않도록 기도했다.

지금은 핍박의 시대는 아니지만, 신앙을 지켜내기가 절대 쉽지 않다. 성경적 가치관을 지켜내며 살기에 너무나 어렵다. 사람들의 영혼에 뿌리내린 문화와 이념과 사상은 성경의 가치관을 삼킬 듯 덤벼든다. 또한 고난보다 강력한 풍요에 넘어지지 않는 교회를 지켜내는 것도 쉽지 않다.

이런 시대를 살아가는 아이들에게 필요한 것은 신앙고백이다. 이를 통해 세상 풍조를 본받지 않고 그것에 길들지 않는, 거친 물결을 거슬러 올라가는 생명력 있는 믿음의 아이들이 되길 바란다.

고난 속에서도 하나님을 향한 시선을 놓치지 않으며 신앙고백으로 구별된 자녀의 삶을 살길 하나님 아버지께 간절히 기도한다.

목회자가 되면서 받은 가장 큰 복은 아빠의 설교를 아이들에게 들려주는 것이다. 가정예배 시간에는 아빠의 설교가 없다. 돌아가면서 사회를 보고 암송 예배를 드리기 때문에 설교를 들려줄 기회는 교회학교 예배 시간뿐이다.

이전에 사역하던 교회에서 청소년 부서를 담당할 때는 두 아들에게 매주 설교를 들려줄 수 있었고, 아동부 담당일 때는 사랑이에게, 간혹 유치부에서 설교할 때는 막내 시온이에게 설교를 들려줄 수 있었다

연말이 되면 내가 자기 부서로 왔으면 좋겠다며 서로 쟁탈전을 벌였다. 결국 사랑이가 있는 소년부로 가게 되었을 때, 시온이가 울음을 터트리고 말았다. 아이에게는 미안했지만, 아이에게 환영받는 아빠여서 감사했다.

주일 저녁에는 가정예배 대신에 주일 설교에 대해 서로 나누는 시간을 가졌다. 내 설교를 들은 아이는 기억을 더듬어 느낀 점을 말했다. 간혹 아빠 설교를 들으며 당황스러웠던 얘기도 풀어놓았다.

"오늘 아빠 설교를 들으면서 조마조마했어요."

"왜?"

"아빠가 예화로 말한 영화를 우리와 봤다고 하셔서 당황했어요."

"그래? 기독교 영화라 같이 본 줄 알았는데 착각했네."

"아빠가 헷갈리시면 우리가 조마조마해요."

"알았어. 조심할게, 미안해."

아이들은 다양한 피드백을 해준다. 그래서 때론 긴장하지만 설교 내용을 한 번 더 아이들에게 상기시킬 수 있는 교육 효과도 있다. 아이들은 내 설교에 늘 귀 기울이고 제일 열심히 필기하며 경청했다. 설교를 통해 예수님 이야기를 마음껏 들려줄 수 있어서 행복했다.

아이들에게 맨 처음 설교를 들려준 건, 신학교 2학년 설교학 수업 시간이었다. 각자 동기들 앞에서 준비한 설교를 발표하는 시간이었는데, 나는 아동부 대상 설교를 준비했다. 그리고 교수님의 배려로 아내와 아이들을 초청했다.

시온이가 만 2세쯤 되었을 때였다. 아이들은 내 순서가 되자 숨을 죽이고 조용히 바라보았다. 나는 준비한 소품을 이용해 아이들 눈높이에 맞게 어린이 설교를 시작했다.

"어린이 여러분, 하나님나라는 배를 타고 갈 수 있을까요?"

"아니요!"

동기들이 아이들처럼 목소리를 내며 호응해주었다.

"그럼 로켓을 타고 갈 수 있을까요?"

"아니요!"

"맞아요. 배나 로켓을 타고 갈 수 없어요."

"그러면 어떻게 갈 수 있나요?"

"오직 예수님을 통해서만 갈 수 있어요"

"와~ 친구들이 너무 잘 알고 있네요. 맞아요, 예수님을 믿어야만 하나님나라에 갈 수 있어요. 정말 잘했어요."

아빠 설교에 귀를 쫑긋 기울이고 있는 아이들에게 마지막 이야기를 들려주었다.

"너희가 어떤 상황에서도 믿음을 붙들고 살아가길 바란단다. 세상에서 위대한 사람이 되거나 아니면 지구 한 모퉁이를 청소하는 사람이 되더라도 예수님을 믿는 믿음은 절대로 포기하지 않았으면 좋겠어."

아직은 어린아이들이었지만 내 진심을 전달하는 첫 번째 설교를 들어준 성도였다.

그 후 십 년이 흘렀다. 부목사로 섬기던 교회를 사임하고 '말씀심는교회'를 개척한 지금, 아이들은 가장 훌륭한 동역자이자 예배자이며 내 설교를 듣는 성도다. 아이들에게 여전히 아빠가 전해주는 하나님의 사랑을 들려줄 수 있어 감사하다. 어릴 때부터 들은 복음이 아이들 가슴 깊이 새겨진다면 더 이상 바랄 것이 없다.

돌아보니, 마흔의 늦깎이 나이에 어렵게 신학 공부를 한 건 참 잘한 선택이었다.

chapter **5**

가치 심는 아빠

질문했니?

아이들은 중·고등부 찬양단에서 드럼과 베이스기타로 봉사
했다. 조금 더 공교한 연주로 찬양했으면 하는 바람에 개인지
도 선생님을 찾던 중 좋은 선생님이 멀지 않은 곳에서 스튜디
오를 운영하고 있어 교습을 부탁드렸다. 내가 사역을 쉬고 있
어 경제적으로 어려운 상황이라 선생님에게 양해를 구하고 소
정의 교습비만 드리기로 했다.

선생님은 아이들이 꼭 찬양 봉사를 해야 한다는 단서를 붙
여 지도해주기로 하셨다. 아이들은 선생님이 제시한 조건에
당연하다는 듯 흔쾌히 답했다.

그런데 첫 교습을 받으러 간 아이들이 밤 9시가 넘도록 돌
아오지 않았다. 연락해보니 여전히 교습을 받고 있었다. 아이
들이 너무 지치지 않을까 걱정이 되었다. 아이들이 어릴 때 첼
로를 배운 적이 있는데 선생님이 너무 무섭게 지도해서 포기했
던 기억이 떠올랐다.

밤이 늦어 아이들을 데리러 갔다. 10시가 다 되어 교습을
마쳤다.

"첫날부터 4시간이나 배웠네? 저녁도 못 먹고 많이 힘들었

겠다."

조이가 말했다.

"온유가 질문을 너무 많이 해서 시간이 길어졌어요. 선생님이 온유한테 '너는 뭐가 돼도 되겠다'라고 하셨어요."

"선생님도 힘드셨겠다."

"아니요, 너무 좋아하셨어요."

듣고 있던 온유가 말했다.

"아버지가 모르는 게 있으면 꼭 질문하라고 하셨잖아요."

아이는 내가 늘 하는 그 말을 기억하고 있었다. 마음이 뿌듯했다.

"모르는 게 아니라 모르면서 알려고 하지 않는 게 부끄러운 거야. 모르는 게 있으면 꼭 질문하렴. 세상에 쓸데없는 질문은 없단다."

아이들은 이 말을 귀에 딱지가 앉을 만큼 들었다.

신학교 시절, 생활이 넉넉하지 않아 아이들을 학원에 보낼 수 없는 상황이었는데 지인의 섬김으로 학원에 갈 기회가 생겼을 때도 붙잡고 말했다.

"오늘은 두 가지 이상 꼭 질문하고 돌아와야 해."

"네, 아빠!"

그리고 아이들이 학원에서 돌아오면 기다렸다는 듯이 물었다. 무엇을 배웠냐는 질문보다 무슨 질문을 했는지. 아이들의 질문 내용을 들으면 무엇을 배웠는지 알 수 있었다.

아이들은 집에서도 매일 질문 공세를 퍼붓는다. 질문의 종류도 다양하다. 성경에서부터 뉴스, 소설, 음악, 성(性), 영화 등 나를 난감하게 만드는 질문들이 쏟아져 나온다. 나는 어떤 질문이든 쓸데없다고 생각하지 않는다. 어른이 생각하는 쓸데없는 그 질문이 아이들의 사고와 생각을 자라게 하기 때문이다.

예수님의 제자들도 늘 질문했다. 때론 어리석어 보이는 물음에 예수님은 답하시며 하나님나라를 드러내셨다.

"천국에서는 누가 크니이까?"

"이 어린아이와 같이 자기를 낮추는 이가 천국에서 큰 자니라."

제자들은 서로 다투며 눈에 보이는 높은 권력의 자리에 대한 욕망으로 질문했지만, 예수님은 책망하시기보다는 하나님나라의 가치로 바로잡아 주셨다.

아이들은 모르는 걸 숨기지 않는다. 또 알기 위해 두려움 없이 질문한다. 때로는 무척 당황스럽고, 귀찮을 때도 있다. 그러나 어쩌겠는가. 내 요구에 따라 만들어진 아이들의 좋은 습관인 것을.

아이들은 개인지도 선생님을 만날 때마다 거침없는 질문 공세를 퍼붓고 돌아온다. 질문한 만큼 배우고, 생각하고, 성장하는 모습을 보는 건 큰 기쁨이다.

너만의 이름을 지어 봐

창세기는 놀라운 이야기가 가득하다. 아담이 동물의 이름을 지어주는 내용은 인간의 지적 능력의 한계가 어느 정도였는지 보여준다. 모든 창조의 역사는 하나님으로부터 시작되었지만, 창조물인 동물 이름의 역사는 하나님의 형상으로 지음 받은 아담으로부터 시작되었다.

하나님께서는 창조주의 능력을 아담에게 나누어주셨고, 그분이 만드신 창조물에 의미를 부여하는 이름을 만드는 작업을 그에게 맡기셨다. 아담은 각각의 동물에 맞는 이름을 짓는 창의적인 지혜를 갖고 있었다.

나는 창세기 말씀에서 아이디어를 얻어 조이와 온유가 만들어오는 모든 작품에 이름을 붙여주기로 했다. 물론 아이들이 직접 붙이도록 요구했다.

하루는 아이들이 레고 장난감을 만들어 내게 가져와 자랑했다.

"조이야, 뭘 만든 거야?"

"자동차예요."

"와, 정말 멋있다. 만드느라 힘들었을 텐데 열심히 잘 만들었네."

으쓱해진 아이에게 또 물었다.

"그런데 이 자동차에 이름 지어줬어?"

"네."

"왜 그렇게 지었어?"

조곤조곤 설명하는 아이 입술에 시선을 고정하고 경청해야만 알아들을 때도 있고, 너무 근사한 이유를 생각해냈을 때는 칭찬을 아끼지 않기도 했다. 나는 아이들이 만드는 모든 장난감과 그림에 이름을 붙이도록 했고, 그 이유를 물었다. 시간이 지나면서 아이는 그 대상을 자신이 소유한 모든 사물로 확대해 이름을 지어주었다.

이름을 붙여준다는 건 사물에 특별한 의미를 부여해주는 동시에 자신에게 의미 있는 물건임을 확인하는 과정이다. 또한 그 대상이 어떤 특징이 있는지 관찰하고 파악하고 있다는 의미다. 아이들은 이름을 지어주기 위해 스스로 만든 장난감을 분석하고 고민하면서 가장 적당한 이름을 생각해냈다.

하나님께서 인간에게 주신 선물 중 하나는 의미를 부여하는 지혜일 것이다. 그것이 이름을 만드는 과정에서 나온다는 걸 성경을 통해 배우고 아이들에게 적용한 것이다. 아이들이 지은 이름을 통해 죽어있는 의미를 살릴 뿐 아니라, 죽어있는 영혼에도 예수님의 이름을 불어넣어 영원한 생명을 선물하는 믿음의 사람들이 되길 소망한다.

이익보다 정직

얼마 전에 중고 노트북을 샀다. 노트북에는 정품 프로그램과 불법 프로그램이 깔려 있었다. 나는 꼭 필요한 것이었지만 불법 프로그램은 과감하게 지우고 구매해 다시 깔아 사용했다. 없는 형편에 큰돈이 들었지만, 아이들에게 평소 말했던 걸 실천하지 않을 수 없었다.

하나님의 자녀들이 자신도 모르게 불법을 유통하는 일을 주위에서 종종 보면서 안타까웠다. 영화, 드라마, 음악, 학습 자료 등을 아무 생각 없이 누군가에게 도움이 된다는 이유로 합법적이지 않은 방법으로 유통하는 경우 말이다. 나는 그런 자료를 사용할 수 없었다. 아무리 좋은 자료라도 하나님 말씀을 준비할 때 불법 자료를 참고한다는 게 양심에 걸렸다.

아이들에게도 정당한 대가를 지불하고 콘텐츠나 미디어 제작물을 사용하기를 강조해왔다. 집에서 영화를 볼 때마다 정당한 대가를 지불하고 내려받도록 했다. 잠깐의 물질적인 이

득을 위해 다른 경로로 내려받지 말 것을 일렀다.

아이들은 이 가르침에 잘 따라주고 있다. 이는 율법주의적인 아이들로 키우기 위함이 아니라 하나님 앞에서 정직한 아이들로 키우기 위함이다. 사회적 약속 또한 정직함을 토대로 신용을 유지할 수 있다는 걸 아이들이 알아가길 바란다. 무엇보다 내 이익을 위해, 그 콘텐츠나 프로그램을 만들며 투자와 노력을 아끼지 않은 누군가의 수고에 대한 대가를 치르지 않고 얻으려는 건 바람직한 생각이 아니다.

나는 도덕적인 완벽주의자가 아니다. 부끄러운 모습이 떠오를 때면, '내가 이런 글을 써도 되나?' 하는 생각이 들기도 한다. 하지만 아이들에게는 올바른 길을 가르쳐야 하는 게 아빠의 임무라고 생각한다. 그래서 아이들에게 돈을 지키기보다 신앙 양심을 지키는 게 우선이며, 손해 보지 않고는 정직할 수 없음을 알려주고 싶다.

이처럼 하나님의 자녀로서 구별된 삶은, 많은 사람을 따라가는 게 아니라 하나님의 뜻을 따라 살아내는 거다. 구별되는 삶의 시작이 하나님과 사람 앞에서 정직으로 반응하는 것이기에 아이들이 그렇게 살길 바란다.

누가 내 어깨를 '탁' 쳤다. 놀라서 돌아보니 온유였다. 아마도 건드린 쪽으로 보면 반대쪽에 나타나려고 장난을 한 것 같았다. 이때다 싶어 온유에게 어깨를 주물러달라고 했다. 온유는 네 아이 중 가장 안마를 잘한다. 야무지고 정성스럽게 주물러 온몸의 피로를 싹 풀어준다.

"아빠가 살았으면 하는 나이만큼 주물러 봐."

아이가 안마를 갑자기 멈추었다.

"왜 안 해?"

"아빠가 영원히 살았으면 좋겠어요. 그러니까 0번."

박장대소가 터졌다.

"그래도 당연히 주물러 드려야죠."

제법 손맛이 들었기에 시원하다고 칭찬해주었다. 반응이 좋으면 더 열심히 주물러준다는 계산이 깔린 칭찬이었다. 아이가 어깨를 주물러주는 동안, 부자간의 대화가 시작되었다(이때는 전도사로 섬기던 교회를 사임하기 전이었다).

"아빠는 언제까지 우리 교회에 있어요?"

"아마 12월까지?"

"그럼 12월이 지나면 다시 집사님으로 돌아가요?"

"아니, 아빠가 다시 집사님으로 돌아갔으면 좋겠어?"

아이들은 이전에도 여러 가지 이유로 언제 다시 집사로 돌아가는지 묻곤 했다.

"아니요. 사역하시는 게 힘든 것 같아서요. 그런데 아빠는 목사님이 될 거예요?"

"그럼~. 목사님 되려고 돈도 못 벌고 너희도 힘들게 하면서 공부한 거잖아."

대화가 조금씩 더 깊어졌다.

"왜 힘들다는 걸 알고도 전도사가 된 거예요?"

나는 온유의 질문에 차분하게 대답했다.

"온유야, 하고자 하는 일에 가치가 있다면 힘들고 어려워도 해야 해. 아빠는 이 길에서 사명을 발견했어."

온유가 잘 이해했는지는 모르겠지만 힘든 일이라도 하나님께서 기뻐하시고 사명으로 주신 일이라면 감당해야 한다는 걸 알려주고 싶었다. 사실 처음부터 사명이 있어 신학을 한 건 아니었다. 신학을 하지 않으면 하나님께 혼날 것 같은 두려움 때문에 순종하여 신학을 했고, 사역하면서 자연스럽게 하나님께서 사명자로 세워주셨다. 그 후부터는 힘든 상황에서도 이 길을 포기할 수 없었다.

돌아보면 참 많은 길을 돌아 여기까지 왔다. 하지만 지나온 경험들 모두 하나님의 거대한 섭리 안에 있었기에 후회는 없다.

첫째 조이는 진로 문제로 고민이 많았다. 하고 싶은 일에 대한 확신이 없었다. 그때마다 조언해주는 말은 하나였다.

"네가 하나님을 위해 무엇을 할 수 있을지 고민하다 보면 꿈은 반드시 생길 거야."

내가 하나님을 위해 무엇을 할 수 있는지 늘 고민하고 기도하다 보면, 가장 자신이 있는 걸 발견하고, 그것이 꿈이 되고 비전이 되기 때문이다. 하나님께서 주신 비전이라는 확신과 믿음이 있다면 어려운 환경은 더 이상 문제 되지 않는다.

조금 돌아가더라도 기도하고 포기하지 않으면 하나님께서 꿈을 이루어주시고, 더 큰 인생의 그림을 그리는 디딤돌로 삼게 하시기 때문이다. 돌아보면 내 뒤에 언제나 든든한 하나님이 나를 지탱해주고 계셨음을 깨닫는다.

아이들이 참된 가치를 깨닫고, 거기에서 자라는 아름다운 가치관을 형성하길 바란다. 시대의 조류에 적당히 타협하며 둥둥 떠다니지 말고 세상과 싸우고 신앙의 가치를 지켜내며 살았으면 좋겠다. 어떤 꿈을 갖든지 거기에서 하나님의 영광을 위한 가치를 발견할 수 있다면, 그 꿈을 위해 삶을 소비하라고 말해주고 싶다.

발견한 비전을 위해 준비하는 일은 재미있을 수도 있고, 없을 수도 있다. 해야만 하는 기준은 재미보다 가치이며 사명이다. 나는 아빠로서 아이들의 삶이 행복했으면 좋겠다. 그러나 재미있는 일에 대한 경험으로 얻는 행복보다는 힘들더라도 하나님이 주신 비전을 이루어가는 보람을 통해 얻는 행복을 경험하길 바란다.

힘들고 버거워도 내가 발견한 비전과 꿈을 이루어야 할 이유가 있다면, 그것으로 복된 인생이다. 아이들의 삶이 사명 때문에 행복하길 기도한다.

경청의 시작은 시선

"경청의 시작은 상대의 눈을 보는 거야."

아이와 대화할 때 시선이 다른 곳에 있으면 여지없이 일러준다. 아이들은 어릴 때부터 경청 훈련을 받아왔다. 식탁에서 대화를 나눌 때도 밥을 먹으면서 말하는 사람에게 집중하는 일은 우리 가정의 일상이다.

먼저 말한 사람이 말을 이어갈 수 있도록 중간에 끼어들지 않는 규칙도 정했다. 엄마와 아빠라고 해서 중간에 말을 자르거나 다른 화제로 돌릴 수 없다. 말을 시작한 사람이 끝내야 다른 사람이 말하거나 화제를 돌릴 수 있다.

오랫동안 경청에 대해 배웠지만 가르쳐준 대로 늘 따르지는 않는다. 매일 즐거운 대화가 오가면 좋겠지만 가끔 의견 대립이 있을 때는 분위기가 험악해지기도 한다. 특히 아이들과 이야기를 하다 보면 아이들은 내 말에 집중하기보다 신경이 온통 다른 곳에 있을 때가 있다. 그래서 마치 벽에다 말을 던지는 느낌이 든다. 그때 아이에게 눈을 보며 말할 것을 요청하며 "경청의 시작은 시선이야"라고 한마디 건넨다.

경청이란 귀를 기울여 듣는 걸 말한다. 신약시대에는 경청을 예배에 사용했다고 한다. 하나님으로부터 귀를 기울여 듣는 걸 예배로 규정한 거다.

들을 뿐만 아니라 중요한 말씀을 기록으로 남기는 행위가 경청의 시작이다. 물론 대화할 때마다 기록하는 것까지 강요하진 않는다. 하지만 아이가 예배를 드릴 때 하나님과 시선을 맞추고 그분의 말씀에 귀를 기울이는 것처럼, 일상에서도 사람들과 대화할 때 진심이 통하기 위해서는 경청하는 자세가 꼭 필요함을 알려주고 싶었다.

아이들이 커가면서 이어폰이나 헤드폰을 끼고 있어서 여러 번 불러야 겨우 대답을 얻고 대화가 이루어지곤 한다. 자신만의 세계를 만들어가는 상황에서 눈을 보며 대화하는 게 점점 쉽지 않다. 그래도 진솔한 대화를 시작할 때 나는 아이의 눈을 바라보고, 아이는 내 눈을 바라보며 마음을 이야기하는 관계로 남고 싶다.

지금도 나는 서로의 눈을 바라보며 대화할 것을 아이들에게 종용한다. 눈은 '마음의 창'이라고 한다. 마음의 창을 통해 서로의 마음을 열고 인격이 스며드는 대화가 끊이지 않았으면 좋겠다는 바람이 나만의 욕심이 아니길 바란다.

쉬워서가 아니라 중요해서 기본

내가 음악을 전공하기로 한 이유는 찬양사역자가 되고 싶었기 때문이다. 전문적으로 음악을 공부해야겠다고 결심하고 음대에 입학할 방법을 찾는 중에 고등학교 시절, 음악 선생님으로부터 콘트라베이스에 대해 들은 기억이 떠올랐다.

그 계기로 콘트라베이스를 전공하기로 하고 교회 음악 목사님의 소개로 개인지도 선생님을 만날 수 있었다. "힘들지만 힘들지 않다"라는 말이 실감났다. 하지만 난생처음 만져보는 현악기로 음감으로만 음을 짚어내야 해서 늘 한계에 부딪힐 수밖에 없었다.

천막사에서 일하면서 번 돈을 모아 산 연습용 악기의 문제도 컸지만, 입시 위주의 개인지도를 받다 보니 기초가 부족했다. 몇 배는 더 열심히 노력했지만, 순간순간 맞닥뜨리는 한계는 어쩔 수가 없었다.

이렇게 기본이 중요함을 삶으로 경험했던 터라 아이들에게도 늘 강조했다. 아이들이 음악에 관심을 두고 악기를 배울 때나 관심 있는 다른 배움의 길에 들어설 때마다 말했다.

"기본은 쉬워서 기본이 아니라 중요해서 기본이야. 처음에 쉽다고 그냥 넘기면 어느 수준에서 넘기 힘든 한계를 만나게 될 거야. 그러니 기본부터 천천히 해."

세상의 모든 학문에 기본이 중요하듯 신앙교육도 마찬가지다. 아내와 나는 아이들의 신앙을 위해 말씀과 기도를 기본으로 생각하고, 배 속에 있을 때부터 암송을 해주고 배에 손을 얹고 기도해주었다. 신기하게도 아빠의 목소리로 말씀을 들은 아이가 태동으로 반응했다.

말씀은 그리 밝지 않은 미래를 살아갈 아이들에게 가장 중요한 등불이 되어줄 것이기에 아무리 강조해도 지나침이 없다고 생각한다. 내 마음에 새겨진 말씀이 등불이 된다면 믿음을 지키기 어려울 정도로 어두운 세상이 올 때, 좁은 길일지라도 방향을 잃지 않고 걸어갈 수 있을 것이다. 하지만 기본이 없으면 절대로 그다음 단계로 나아갈 수 없다. 그래서 기본은 앞으로 나아갈 때 꼭 필요한 디딤돌이다.

나는 아이들이 배우는 음악과 그 외 모든 학문뿐만 아니라 하나님을 믿는 믿음의 여정에서도 반드시 기본을 지켜나가길 바란다.

나는 이십 대 초반에 리처드 포스터 목사님의 《돈 섹스 권력》을 읽었다. 그때만 해도 돈과 권력이라는 말은 쉽게 주고받을 수 있었지만 '섹스'라는 단어 자체를 입 밖으로 내뱉거나 비슷한 발음만 말해도 욕처럼 생각했다. 그런 시대에 너무나 놀라운 제목의 기독교 서적이 출간되었다.

오래전에 읽어서 내용은 거의 잊었지만 수십 년 전의 이 제목이 오늘 우리 성도가 지켜야 할 가장 실질적이면서도 중요한 문제를 함축하고 있다는 사실을 아이들과 대화하면서 다시 한번 깨달았다.

연일 매스컴에서는 뉴스가 쏟아져 나온다. 사람들에게 자극적인 소식일수록 조회 수가 높기 때문인지 제목부터 심상치 않다. 매일 듣는 뉴스에서 돈과 명예와 권력을 하루아침에 잃고 인생의 나락으로 떨어져 버리는 사람들의 이야기가 나온다. 그 문제의 중심에는 거의 돈과 섹스(쾌락)와 권력이 있다. 이런 사건을 아이들과 함께 들을 때마다 나는 피하지 않고 대화를 시도한다.

"애들아, 인생에서 가장 조심해야 할 건 뭐지?"

"돈, 섹스, 권력이요. 아빠가 늘 말하는 거잖아요."

비록 실수라도 단 한 번 넘어짐으로 인생의 나락으로 떨어지는 수많은 유명인을 보면서 아이들은 내 말에 공감하곤 한다. 실수는 누구나 할 수 있고 실수로 넘어질 수도 있지만 실수하지 말아야 할 게 반드시 있음을 강조한다.

아이들은 돈에 대한 개념이 부족하지만, 돈이 유용한 건 너무나 잘 안다. 우리 부부는 아이들에게 용돈을 주면서 10퍼센트는 십일조로, 10퍼센트는 동생들을 위해, 10퍼센트는 이웃을 위해 사용하도록 지도한다.

식탁 앞에서는 기도하는 아이들이 '체 다카 저금통'(유대인 가정에서 아이들이 선을 베푸는 삶을 가르치기 위해 마련해 준 저금통)에 자신의 동전을 넣는다. 돈의 문제는 지배하느냐 또는 지배받느냐 두 가지 중 선택해야 한다. 돈은 하나님의 뜻대로 사용할 때 지배받지 않을 수 있다. 매스컴에서 유명인들이 엄청난 돈을 기부한 기사를 볼 때마다 나와 아내는 이구동성으로 말한다.

"돈이 많다고 기부할 수 있는 건 아니지. 저 사람들 너무 귀하네."

풍족해서 기부를 많이 하는 게 아니라 물질을 다스릴 줄 아는 멋진 삶을 사는 사람인 거다. 물질이 많거나 적은 것 자체가 문제가 아니다. 얼마가 있든 어떻게 사용해야 할지를 안다면, 돈을 하나님과 겸하여 섬기는 죄에서 자유로울 수 있다.

두 아들은 사춘기를 지나왔기 때문에 특히 성에 관한 이야기를 많이 해주었다. 말하기 꺼려지는 고민까지 상세히 말해주는 아들들이 고마웠다. 하나님께서 허락한 쾌락을 누리도록 순결에 대한 인식을 어렸을 때부터 심어주었다. '순결'이라는 말 자체를 고리타분한 말로 여기는 요즘 풍토 속에서 순결을 가르치는 건, 어쩌면 시대에 뒤떨어진 성교육이라고 말할 것이다.

그러나 시대의 현상은 진리가 아니다. 시대의 문화는 복음이 흘러가는 도구에 불과하다. 도구가 진리를 변형시킬 수는 없다. 어릴 때부터 아름다운 가정을 꿈꾸고 미래의 배우자를 위해 내 몸을 정결하게 지켜나가는 게 하나님께서 얼마나 기뻐하시는 일인지 우리 아이들은 알고 있다.

성경은 부부 안에서 누리는 쾌락을 통해 자녀의 복을 주시고 부부간에 친밀하고 아름다운 관계를 유지하게 하셨다. 요즘 아이들은 미디어와 책 등을 통해 그릇된 쾌락의 정보를 접한다. 그것을 다 막아줄 수 없기에 아이들 안에 새겨진 말씀과 아빠가 주는 가치를 통해 보호하고 싶었다.

오랜 세월 쌓아 올린 지위와 명성을 하루아침에 잃어버릴 수 있는 그릇된 쾌락의 노예가 되지 말고, 하나님께서 부부 안에서 허락하신 아름다운 성을 통해 이루실 계획을 위해 모든 유혹에서 승리하길 바랄 뿐이다. 잠언 말씀처럼 내게 주신

샘물을 집 밖으로 넘치게 하지 말아야 함을 아이들이 어릴 때부터 마음에 새기길 원한다.

나는 권력은 높은 지위에 있는 사람들의 전유물인 줄 알았다. 그러나 이 생각을 한순간에 바꿔놓는 일을 목격했다. 교회 마당에서 과자 봉투를 들고 있던 한 여자아이가 함께 놀던 친구들과 동생들에게 말했다.

"과자 먹고 싶은 사람, 내 앞에 한 줄로 서."

이 한마디에 이곳저곳 흩어져 있던 아이들이 순식간에 달려왔고, 아이는 그들을 일렬로 줄 세워 과자를 아주 조금씩 나눠주었다. 한 아이에게는 마음에 들지 않는다며 맨 뒷줄로 가서 다시 줄을 서라고 했다. 그 아이는 과자를 받지 못한 채 아무 말 없이 시키는 대로 맨 뒤로 가서 줄을 섰다. 그리고 과자가 남아있으리라는 보장도 없는데 차례를 기다렸다.

하나의 사례를 보편화할 수는 없지만, 아이들 세계에도 힘의 논리가 존재한다는 사실에 놀라지 않을 수 없었다. 그릇된 힘의 사용은 누군가에게 고통과 수치심을 안겨준다.

오래전 잠깐 미국에 머물 때 〈스파이더맨〉을 보았다. 이십 년이 지난 지금까지 영화 속 대사 한마디가 잊히지 않는다.

"With great power comes great responsibility."

나는 이 대사를 아이들에게 종종 말해준다. 정의를 위해 또 다른 폭력을 정당화하는 영웅 이야기를 옹호하는 건 아니다. 다만 내게 주어진 힘이 있다면 그것에 따른 책임이 반드시 따라온다는 걸 말해주고 싶었다.

십자가에서 자신을 희생하면서까지 사랑을 실천하신 예수님도 하늘의 권세를 죄인을 위해 사용하셨다. 인간이 영원히 감당할 수 없는 죄의 문제를 십자가로 대신 담당해주셨고, 부활의 능력으로 확증하셨다. 우리 아이들이 어떤 형태의 힘을 갖든지 반드시 누군가를 위해 그 힘에 대한 올바른 책임을 감당하길 바란다.

모든 힘이 위로부터 오는 것임을, 그 힘이 하나님의 사랑을 적용하기 위해 우리에게 주신 선물임을 잊지 않길 바랄 뿐이다.

아이들이 돈, 섹스, 권력에 대해 조심하고 경계하는 것을 넘어, 그것을 신앙 안에서 잘 다스리고 올바로 사용할 수 있길 기도한다.

부모에게 배우는 부부 역할

"우리가 볼 때는 아빠 사랑이 70퍼센트, 엄마 사랑이 30퍼센트인 것 같아요."

아빠가 엄마를 더 많이 사랑하는 것 같다며 아이들이 하는 말이다. 결혼 이십 년 차인 우리 부부는 하나님의 은혜로 여전히 신혼처럼 서로를 아낌없이 사랑한다. 나는 누구보다 아내를 사랑하고 섬기려 노력한다. 아이들에게 보이기 위한 행동은 아니지만, 아이들은 아빠가 엄마를 어떻게, 얼마나 사랑하는지 자연스럽게 본다.

아이들은 아빠가 엄마를 더 많이 사랑하고 있는 것처럼 볼 수 있지만, 내가 아내를 통해 느끼는 사랑은 아이들이 생각하는 그 이상인 것만은 확실하다. 우리는 그렇게 서로를 사랑하고 아낀다. 내가 원하는 방법으로 사랑을 실천하기도 하지만, 상대가 원하는 것에 맞춰 사랑을 표현하기도 한다.

아이들이 아직은 어리지만 그런 우리 모습을 보며 미래에 이룰 가정에 대한 아름다운 그림을 자연스럽게 그리게 될 거라고 믿는다. 아이들은 보는 것을 통해 믿음의 가정에서 이루어지는 남편과 아내의 역할을 배우기 때문이다.

부부가 서로를 순종과 사랑으로 섬겨야 하는 가장 큰 이유는, 주님이 모범을 보이셨기 때문이다. 부부 역할의 기준이 예수님이 될 때, 진리 안에 있는 참된 질서를 따라 서로를 사랑할 수 있다.

성경에서 아내의 역할은 주께 하듯이 남편에게 순종하는 거다. 변해가는 시대 풍토로 인해 아내에게 순종을 명령하는 성경 말씀을 받아들이기 어려울 수 있다. 하지만 가정의 질서를 따라 아내가 남편에게 순종한다고 해서 부부간의 인격적인 동등함을 외면하는 게 아니다.

이는 성경에서 말하는 남편의 역할을 살펴보면 더욱 선명해진다. 남편의 역할은 순종 그 이상이다. 예수께서 교회를 사랑하시고 교회를 위해 자신의 생명을 주신 것처럼 아내를 사랑하라고 하신다. 남편의 역할은 생명까지 아끼지 않고 아내를 사랑하는 거다. 성경은 목숨을 건 사랑으로 아내를 사랑하라고 한다.

아내와 남편에게 서로 감당하지 못할 역할을 말씀하는 게 아니라, 서로 다른 역할을 통해 가정의 질서를 세우고 가정에 임하시는 하나님나라의 모형을 알려주기 위한 원리를 말하고 있다.

남편과 아내는 신랑 되시는 예수님과 신부 되는 성도의 관계를 가정에서 부부관계를 통해 드러내길 원하신다. 신랑 되시는 예수님은 우리를 위해 십자가에서 돌아가시기까지 순종하셨다. 그 사랑을 먼저 받은 성도는 그분의 희생의 수혜자라는 사실을 알기 때문에 누군가에게 그 사랑을 전하고 실천해야 한다.

이 원리를 가정에 그대로 적용하면, 남편을 향한 순종과 아내를 향한 생명을 건 사랑은 예수님으로부터 받은 사랑에 대한 자연스러운 반응이다.

나는 아이들 앞에서 아내의 역할을 강요하지 않는다. 아이들은 변함없이 남편을 존경하고 존중하는 엄마를 보면서 자연스럽게 성경적 가치관을 익힌다.

우리 부부는 아이들 앞에서 주저하지 않고 가벼운 입맞춤과 포옹을 한다. 아내를 아껴주고 보호하며 사랑하는 모습을 보여줌으로써 아이들이 가정에서 아내에 대한 아빠의 역할을 배운다. 보여주는 교육이 가장 빠르고 효과적이며 부작용이 없다. 아이들은 잘 알고 있다. 아빠가 엄마를 생명을 다해 사랑하고 있다는 사실을.

나는 평생 싸우며 사는 부모 밑에서 자랐기에 많은 아픔과 상처를 갖고 결혼생활을 시작했다. 교제할 때와는 달리 처음 결혼생활은 순탄하지 않았다. 아내를 사랑하는 방법을 몰랐다. 아내의 말에 공감하기보다는 정답만 주려는 내 말에 아내는 상처를 받아 마음을 닫았다.

그러던 중 아내와 진지하게 대화했고, 아내는 자기 말을 그냥 들어주면 좋겠다고 조언했다. 답을 제시하는 남편에서 공감하는 남편으로 변하기는 쉽지 않았지만, 조금씩 노력했다. 아내도 말씀을 암송하기 시작하면서 남편을 존경하고 존중했다. 아내 스스로 암송하는 말씀 앞에 순종하고 적용하며 아이들 앞에서 내게 존대하기 시작했다.

또한 중요한 문제뿐만 아니라 사소한 결정까지 가장인 내 의견을 경청하고 존중하는 모습을 보여주었다. 엄마의 영향을 받은 아이들도 자연스럽게 내게 존댓말을 쓰기 시작했고, 내가 아내에게 그렇게 하는 걸 보고 아이들도 따라 했다. 존중의 출발은 언어의 변화였고, 그것은 하나님의 말씀을 적용하는 것으로부터 시작되었다.

요즘은 권위에 대한 부정적인 인식이 자리 잡고 있어 권위와 질서를 세워가는 게 쉽지 않다. 하지만 가정에서는 성경적 원리에 의한 권위와 질서를 바로 세워갈 수 있다.

우리 부부는 아이들이 어렸을 때 "조이 형제님, 온유 형제님"이라고 부른 적이 있다. 예수 그리스도 안에서 한 형제로 인정했기 때문이다. 물론 그런 호칭을 썼다고 해서 하나님께서 가정에 주신 영적인 권위와 질서까지 무너뜨리며 아이들을 양육한 건 아니다.

부모와 아이들과의 관계 속에서 인격의 동등함은 유지되어야 하지만, 하나님께서 만들어 놓으신 가정의 질서를 세우기 위해 아이들이 부모의 권위와 질서 아래에서 각자 역할을 감당하도록 교육했다.

감사하게도 아이들은 우리의 교육적 가치를 잘 따라주었다. 아이들이 자라면서 가끔 생각이 부모와 맞지 않을 때 논쟁도 했지만, 하나님이 세우신 권위와 질서를 세워가는 데 대한 이견은 없었다.

아이들은 하나님 안에서 우리 부부가 한결같이 서로 사랑한다는 걸 잘 안다.

딸들이 가끔 엄마에게 말한다.

"저는 아빠 같은 남자를 만나서 결혼할 거예요."

"어떻게 하지? 아빠 같은 남자는 단 한 사람밖에 없는데…."

농담처럼 아이들에게 말하지만, 나는 우리 아이들이 우리와는 비교할 수 없을 정도로 하나님을 더욱 뜨겁게 사랑하고, 배우자를 사랑하는 믿음의 가정을 이루길 기도한다. 부모의 삶을 통해 부부의 삶을 배우는 아이들 앞에서 변함없는 진실한 사랑으로 아내를 사랑해야겠다.

온도계와 온도 조절계

2002년 한국과 일본에서 월드컵 공동 개최를 하던 해, 나는 여러 가지 이유로 이 년 동안의 미국 생활을 정리해야 했

다. 한국에 돌아가려는 계획이 정해지자 이십 대 초반에 예수
전도단에서 훈련받으려던 생각이 떠올랐다. 하나님 앞에 온
전히 단 몇 개월이라도 삶 전체를 드리고 싶어 홍천 DTS에 지
원했지만, 기회를 얻지 못했었다.

그래서 미국에서 제자훈련을 받고 돌아가야겠다는 생각으
로 하와이 코나의 열방대학에 입학서류를 넣었다. 미국에서
어렵게 구한 악기를 팔아 훈련비용으로 사용하겠다는 다짐을
받은 후, 학교 측에서 입학을 허락해주었다. 무엇보다 기대했
던 건, 강의 대부분이 청년 시절에 영적 영향력을 받은 많은 책
의 저자들의 직강을 듣는 거였다.

그중 특히 기억나는 말이 있다.

"온도계와 같은 인생을 살 것인지 아니면 온도 조절계와 같
은 인생을 살 것인지 선택해야 한다."

환경에 따라 쉽게 요동하는 인생이 아닌, 환경에 선한 영향
력을 끼치는 삶이 되라는 의미였다.

풍랑에 흔들리는 배 안에서 두려움에 비명을 지르는 제자들
과 물 위를 걸어오셔서 풍랑을 잠잠하게 하시는 예수님의 모
습은 극명하게 갈린다. 우리 삶도 다양한 풍랑으로 인생의 배
가 흔들린다. 문제는 마음과 믿음도 흔들리는 거다. 풍랑 속
에서도 온도 조절계와 같이 환경의 영향을 받지 않고, 오히려
풍랑 앞에서 믿음을 확증하는 삶을 살아내길 바란다.

창세기에서 '형통'을 의미하는 단어는 '평탄'으로 해석한 것과 합치면 일곱 번 사용되었는데, 그중 세 번은 요셉과 관련해 쓰였다. 애굽의 총리로 등극한 화려한 그의 삶을 "형통했다"라고 한 번쯤 표현할 만한데, 공교롭게도 감옥에 있는 그가 형통했다는 평가를 마지막으로 총리가 된 후에는 더 이상 같은 단어가 사용되지 않는다.

감옥 안에서도 형통했다는 평가로 그 신앙을 인정받은 요셉처럼, 형통의 기준이 환경을 넘어 하나님의 목적과 뜻을 따라 살아내는 것임을 우리 아이들이 알았으면 좋겠다.

믿음에도 단계가 있기에 아이들이 한순간에 온도 조절계와 같은 신앙으로 건너뛸 수는 없을 거다. 그러나 온도 조절계를 조정하시는 분이 하나님이심을 인정하고, 하루하루 그분의 다스림을 받을 때 세상 때문에 요동하는 게 아닌, 오히려 이 아이들로 인해 세상이 감당치 못하고 두려워 떠는 그런 믿음의 자녀들로 세워지게 되리라 기대한다.

행복을 넘어 사명으로 살아가기

나는 가끔 아이들에게 묻는다.

"행복하니?"

아이들은 여지없이 행복하다고 대답한다. 가족이 있어서 행복하고, 생일이 다가오면 한 달 전부터 그날에 대한 기대로 행복해한다. 가정 안에서 안정감과 사랑을 느낄 때, 자신이 원하는 걸 받을 때도 행복하다고 한다.

아이들이 행복을 느끼는 이유는 다양했다. 목사 아빠를 둔 아이들이기에 넉넉하고 풍요롭게 채워주지 못하는데도 행복하다는 말을 들을 때마다 참으로 감사하다. "내 주 예수 모신 곳이 그 어디나 하늘나라"라는 찬송가 가사가 실감 난다.

"행복하다"라는 말 자체를 생각할 수 없는 환경에서 자란 내게는 아이들의 표현이 큰 의미로 다가온다. 나는 사랑하는 아내를 만나고 자녀를 키우면서 행복이라는 감정을 비로소 느꼈다. '예수님 때문에 이런 복을 누릴 수 있구나' 하는 생각이 들 때마다 감사와 감격이 밀려온다.

아이들이 앞으로도 계속 행복했으면 좋겠다. 그러나 조금 이상하게 들릴 수 있겠지만 행복만을 좇지 않길 바란다. 아이들이 하나님께서 주시는 사명을 따라 살았으면 좋겠다.

변화산에서 모세와 엘리야를 만난 제자들은 예수께 그곳에 집을 짓고 눌러살자고 요구한다. 제자들에게 변화산은 하나님의 사명을 감당한 믿음의 사람들을 만나는 거룩한 장소가 아닌, 사명을 잃고 현실에 안주하려는 곳이 되었다.

그러나 예수님은 제자들의 요구를 단박에 거절하고 그들이 안주하고 싶어 하는 환상적인 변화산에서 내려오신다. 예수님에게는 십자가를 통해 인류를 구원하셔야 할 사명이 있었기에 그들의 요청에 아랑곳하지 않고 내려오셨다.

주님은 당신과 함께 있고 싶어 하는 자녀들이 세상으로 나가 사명을 감당하길 원하신다. 행복을 넘어 행복을 전달하는 사명이 성도에게 준비된 영광스러운 삶이기 때문이다. 나는 아이들이 행복을 넘어 사명을 감당하길 소망한다.

가장 큰 사랑을 맛본 사람들이 그 사랑을 전하는 사명자로서는 것처럼, 행복을 경험한 우리 아이들이 진정한 행복을 전하는 사명자가 될 줄 믿는다. 더 나아가 하나님께서 주신 사명을 감당하는 것에서 참된 행복을 느끼길 바란다.

거절과 수용

아이들과 차로 이동할 때마다 같은 찬양을 반복해서 들려주었다. 처음에는 말없이 듣다가 점점 시간이 지나면서 나오는 찬양을 따라불렀다.

하루는 똑같은 찬양을 듣자마자 아이들이 한마디 했다.

"아빠, 우리 너무 많이 들은 것 아니에요?"

"찬송은 반복해서 들어야 은혜가 되는 거야."

"그래도 이건 너무하잖아요!"

아이들은 다른 노래를 듣고 싶다며 알아들을 수 없는 외국 노래를 듣기 시작했다. 찬양을 즐겨 듣던 아이들이 요즘에는 대중가요나 팝송을 많이 듣는 것 같아 걱정되었다.

"온유야, 찬양을 많이 들어야 믿음이 성장하는 거야."

"아빠, 저는 찬양은 듣는 것보다 직접 부르는 게 좋아요."

온유의 말이 이해되었다. 아이는 매달 한 번씩 토요일에 진행되는 교회 중등부 찬양집회에 참석하고 있었다. 한 시간 넘게 대중교통을 이용해 그곳에 가서 세 시간 이상 진행되는 찬양과 말씀과 다양한 행사에 참석하고 집으로 돌아왔다. 이런 아이의 반론은 받아들여도 될 것 같았다.

그래도 감사한 건 크리스천 음악가의 음악을 즐겨 듣곤 했다는 것이다. 가사 속에 기독교 정신이 녹아있거나 노골적으로 세상을 향해 진리의 말씀을 선포하는 가사가 담긴 노래가 귀에 들어왔다.

하루는 온유가 평소 듣는 노래를 내게 들려주었다.

"아빠, 이 노래 너무 좋죠?"

가사를 알아들을 수 없는 외국 노래였지만 멜로디와 가수의 목소리가 듣기 좋았다. 팝송이나 외국어로 된 음악을 들을 때, 아이들에게 꼭 묻는다.

"가사는 확인해봤니?"

"그럼요, 아빠."

아이는 기다렸다는 듯 대답했다. 음악에는 그 음악을 만든 사람의 의도와 사상과 가치가 담겨있다. 멜로디의 감미로움에 취해 무의식적으로 듣는 노랫말이 욕이 대부분이거나 하나님을 대적하는 의미가 담겼다면, 그 내용을 잘 알지 못했다는 이유로 합리화할 수는 없다.

아빠의 요청에 아이들은 인터넷을 찾아가며 번역된 가사를 확인한다. 번역된 가사가 없으면, 직접 번역기를 이용해 파악한 후에 노래를 듣는다. 아무리 멜로디와 리듬이 듣기 좋아도 가사가 올바르지 않으면 노래를 듣지 않는다.

이 세대를 분별하는 것은 일상에서 이루어져야 한다. 책을 읽을 때도 신앙적인 양심과 분별력을 통해 스스로 읽어야 할 책을 구분한다. 책을 중간쯤 읽었더라도 성적인 장면이나 하나님께서 기뻐하시는 내용이 아닐 경우, 책을 내려놓는다.

물론 아이들 신앙이 조금 더 자라고 하나님과의 관계가 더 깊어지면, 그런 책을 읽을 때 오히려 단단한 신앙으로 세워질 것이다. 그러나 지금은 진리 안에서 분별하며 거절할 것과 받아들일 걸 알아가는 지혜가 필요하다.

나는 아이들이 무의식중에라도 하나님을 슬프시게 하는 일이 없길 바랄 뿐이다. 요즘은 새로운 노래를 들을 때, 내가 묻기 전에 아이들이 먼저 알려준다.

"가사 확인은 다 했으니까 걱정하지 마세요."

이만큼 따라주는 아이들이 고마우면서도 꼭 한마디를 더한다.

"그래도 찬양을 더 많이 들었으면 좋겠어."

아이들은 침묵한다.

울타리 안에서의 자유

성경에서 최초의 죄악은 선을 넘는 사건이었다. 하나님께서 아담에게 먹지 말라고 하셨던 선악과는 신과 인간 사이를 나누는 최후의 경계였다. 그것은 하나님과 아담의 관계와 연결되어 있었다. 아담은 선악과를 먹었고, 결국 하나님과의 관계를 지탱하던 신뢰가 무너지고 말았다.

아담은 하나님이 자신을 위해 준비해주신 에덴동산에서 허락된 행복한 삶을 누리지 못하고 쫓겨났다. 아담과 하와는 하나님 없는 자유를 추구했고, 그 자유는 하나님의 주권까지 침범했다. 하나님께서 만드신 에덴의 은혜를 누리는 방법은, 에덴 안에 머무는 게 아니라 그분 안에 머무는 거였다. 그러나 그들은 실패했다.

나는 창세기 사건을 가져와 아이들에게 교육철학으로 적용했다.

"얘들아, 항상 울타리 안에서 자유를 누려야 하는 거야. 엄마 아빠가 강조하는 가치를 지키는 범위 안에서 마음껏 놀아도 돼."

제일 먼저 말씀 안에서 자유를 경험하길 바라는 마음으로 암송 교육을 하기 시작했고, 아이들은 온갖 미디어에서 비집고 들어오는, 하나님이 기뻐하지 않는 그릇된 문화를 완벽하지는 않지만 곧잘 걸러냈다.

일과도 경건 생활이나 일반 학습을 마쳐야만 자신들이 원하는 작곡이나 책 읽기 등을 할 수 있도록 했다. 이것이 온전히 지켜지지 않을 때는 갈등이 빚어지기도 했다. 그러나 아이들이 울타리 안에 머물도록 하는 건 아이들을 통제하고 자유를 박탈하는 게 아니라, 오히려 그들이 자유를 누리게 하기 위함이었다. 여기서 내가 말하는 자유는 '영적인 안전함'이다.

차에 탈 때마다 아이들은 자연스럽게 안전띠를 하도록 교육받았다. 처음에는 답답해하고 귀찮아했지만, 지금은 말하지 않아도 스스로 맨다. 만약 위급한 상황이 발생한다면 답답하게 느껴졌던 안전띠로 인해 생명의 자유를 경험할 것이다. 조금 답답해도 더 큰 자유를 누릴 수 있기에 진리의 경계 안에서 마음껏 놀 수 있도록 판을 깔아준다.

나는 지금도 아이들에게 울타리 안에서의 자유를 강조한다. 하나님께서 우리에게 주신 말씀 안에서 자유롭게 살아가길 소망한다. "진리가 너희를 자유롭게 하리라"(요 8:32)라고 하신 말씀처럼 아이들은 말씀 안에서 하나님께서 주신 독특함과 창의성을 마음껏 발휘할 수 있도록 자유를 부여받았다.

아무리 이성이 발달한 시대라고 해도 이성은 늘 신앙 아래 두어야 함을 기억하고, 어떤 의문이나 질문이 생겼을 때 답을 찾아가는 과정에서 늘 신앙 안에서 찾길 바란다.

아무리 좋은 거라도 하나님께서 금하시는 건 하지 않으며, 창조 섭리를 거스르는 이 세대의 문화에 섞여 살지 않기를 바랄 뿐이다. 진리의 경계 안에 머무는 믿음의 자녀들이 되길 기도한다.

비판적 사고와 부정적 사고

간혹 아이들이 자신의 의견을 말할 때, 마음에 들지 않는 것에 대한 부정적 생각을 여과 없이 드러낼 때가 있다. 그때마다 아이들에게 해주는 말이 있다.

"비판적 사고와 부정적 사고는 다른 거야."

아이들은 무슨 말인지 잘 알고 있다. 마음에 들지 않는 걸 부정적으로 표현하는 건 부정적인 생각을 표출하는 거지 비판적인 사고는 아님을.

성경은 사람과 그의 허물을 비판하지 말 것을 권면한다(마

7:1). 그러나 교회에서 일어나는 일련의 현상, 즉 하나님께서 기뻐하지 않으시는 일들(고전 11:13)에 대한 비판과 세상에 대한 비판은 열어놓았다.

비판적 사고는 판단하고 분별하는 것이지만, 부정적 사고는 채우지 못한 자신의 욕구에 대한 불만족이 입술의 말로 발현되는 거다. 나는 아이들에게 비판적 사고를 키우라고 말한다. 이는 사람이나 환경에 대해 부정적인 부분을 들춰내는 게 아니라, 신앙의 눈으로 분별할 사고력을 의미한다고 생각하기 때문이다.

비판적 사고는 세상을 비뚤어진 시각으로 보는 게 아니라 상황을 객관적으로 보고 옳고 그름을 분별하는 능력이며, 주어진 상황에 대한 불만이나 불평이 아니라 그 안에서 하나님의 뜻을 헤아리는 거다.

나는 아이들이 부정적 사고와 비판적 사고를 혼동하지 않고, 이 세대를 분별하는 믿음의 자녀로 성장하길 바란다.

나눔의 기준

하루는 두 딸이 옥신각신 다투었다. 아이들의 다툼이 대부분 작은 문제에서 시작되듯, 자몽에서 나온 씨앗을 서로 많이 갖고 싶어 하는 욕심이 문제의 발단이었다. 어른의 시선으로는 '그깟 씨앗이 뭐라고 다투나'라고 생각할 수 있지만, 아이들은 씨앗을 심어보고 싶은 마음에 하나라도 더 갖겠다고 신경전을 벌인 거였다.

상황이 심상치 않아 아이들을 불러 세우고 어린 시온이보다 말을 알아들을 수 있는 사랑이에게 내 생각을 말해주었다.

"사랑아, 아빠라면 씨앗을 많이 갖는 것보다 씨앗을 포기하더라도 화목한 분위기를 유지하는 걸 선택할 것 같아."

사랑이는 내 말을 알아들은 듯 말을 꺼냈다.

"나는 이미 있으니까 시온이한테 양보할게요."

"사랑아, 잘했어."

아이들에게 작은 씨앗은 결코 작은 가치가 아니기에 사랑이에게는 힘든 결정이었다. 그런데도 사랑이는 자몽 씨앗을 시온이에게 나눠주었다. 아직 아이라서 나눔을 강요할 순 없지만, 아이에게 양보의 기준을 일러주었다.

"내가 얼마나 많이 가졌는지 계산하고 나누는 것보다 하나님께서 기뻐하시는 일이 나눔의 기준이 되면 좋겠어."

아이가 잘 알아들었는지 모르겠지만, 어릴 때부터 기독교의 나눔을 가르치는 게 중요하다고 생각했다. 어린 시절, 나는 교회학교에서 내 것을 나누면 하나님께서 두 배 이상 채워주신다고 배웠다. 하지만 더 큰 보상이 없어도 이웃을 내 몸처럼 사랑하는 게 진정한 사랑의 실천이라고 생각한다.

아이들에게 나눔의 기준이 소유가 아닌 하나님 말씀이었으면 좋겠다. 나누고 얻는 두 배 이상의 풍성함은 물질의 보상보다는 갑절의 기쁨임을 알고 아이들이 온전히 누리길 바란다.

chapter **6**

아이들에게 배우는 사랑

아이들에게 받은 축복

내 인생에서 받은 가장 큰 복은 예수님을 만난 것이고, 그다음은 아내를 만나 꿈도 꿀 수 없던 믿음의 가정을 이룬 거다. 이전에 겪었던 고난과 아픔은 가정을 이룬 후부터 복음 안에서 재해석되었다.

복음 안에서 자라는 아이들을 지켜보는 일은 무엇보다 큰 행복을 가져다준다. 나는 믿음의 가정을 통해 하나님의 특별한 은혜를 경험한다.

특히 생일을 기억해주는 가족은 과거의 내 싸늘한 기억에 따뜻한 털옷을 입혀준다. 결혼하기 전까지 가족에게서 생일 축하를 받은 기억이 없다. 가족 중 내 생일을 기억하는 사람은 나 자신밖에 없었다. 가정의 생계를 책임져야 했던 어머니는 먹고사는 일에 쫓겨 자녀들의 생일을 기억할 마음의 여유가 없었던 것 같다.

퇴근한 어머니에게 서운한 마음을 말하면 돌아오는 건 "미안하다"라는 한마디가 전부였다. 당시는 케이크 위의 촛불을 불어보는 게 소원이었다. 그것조차 해줄 수 없는 형편인 걸 잘 알기에 더 이상 어머니를 조르지 못하고 서운한 마음을 품은 채 잠자리에 들곤 했다.

믿음의 가정을 이룬 후, 내 인생에서 처음 경험하는 순간이 차곡차곡 쌓여갔다. 생일에 축하받는 일도 그중 하나다. 얼마 전, 가족으로부터 받은 생일 축하는 너무나 큰 위로이며 잊지 못할 선물이었다.

5년 6개월의 교회사역을 마치고 사임하면서 사택에서의 마지막 생일을 맞았다. 아이들이 날 위해 편지와 선물을 준비하고, 저녁이 되어 축하 행사를 열었다. 맛있는 저녁을 먹은 후, 축하 예배를 드리고 한 명씩 준비한 선물을 건네며 편지도 읽어주었다.

무엇보다 사임을 앞두고 심경이 복잡했던 내게 아이들이 쓴 편지 내용 하나하나가 큰 힘과 위로가 되었다. 마지막으로 온유가 준비한 편지를 읽을 차례가 되었다.

살아온 만큼 덜어낸 짐도 짊어지고 갈 무게도 있겠지만, 아버지 곁에 항상 가족이 있다는 걸 기억하세요. 최근에 힘든 일도 겪고 스트레스도 많으셨지만, 우리가 지금까지 아빠 곁을 지켰고, 앞으로도 그럴 거니까요!

짧은 편지에서 진한 아이의 마음이 느껴져 눈물을 터트리고 말았다. 다음 사역지가 정해지지 않은 상황에서 가족이 머물 거처와 경제적 어려움에 대한 고민도 있었지만, 무엇보다 아이들이 마음에 걸렸다. 신앙의 터전이었던 교회와 정든 친구들과 헤어져야 하는 아픔이 고스란히 느껴졌다. 아빠 때문에 모든 관계를 정리하는 어려움을 겪을 아이들에게 미안해서 그동안 잠을 이루지 못했다.

아이들에게 교회를 사임하는 이유를 말했을 때, 예상대로 교회와 친구들을 떠나는 걸 너무나 안타까워했다. 그런데 위로와 격려를 받아야 할 아이들이 오히려 아빠를 위로하고 격려했다.

지금까지 우리 부부가 늘 아이들 곁을 지켜왔다고 생각했는데, 온유의 편지로 아이들이 우리를 지켜주고 있음을 느꼈다. 특히 "앞으로도 지켜주겠다"라는 말에 그동안 감당했던 가장의 무게와 사역자로서 겪었던 고통이 눈 녹듯 사라졌다. 내 생애 가장 값진 선물을 받은 생일이었다.

이십 대 초반에 들었던 이동원 목사님(현 지구촌교회 원로목사)의 설교가 아직도 잊히지 않는다. 목사님이 사역을 위해 집을 나서기 전에 항상 아이들에게 축복기도를 받고 나가신다는 내용이었다. 목사님의 이 설교는 젊은 청년의 마음에 큰 파동을 일으키기에 충분했다. 아빠가 자녀를 축복해주는 이야기는 들어봤지만, 자녀로부터 아빠가 축복기도를 받는 이야기는 처음 들었다.

목사님의 메시지는 가정에 대한 소망을 가질 수 없었던 내게, 하나님께서 이루어가시는 아름다운 가정에 대한 새로운 소망을 품게 할 만큼 깊은 울림을 주었다.

오래전 들었던 이 메시지가 내게 예언처럼 이루어진 건 가정예배를 드릴 때였다. 그날은 조이가 예배 인도를 했다.

"시온이가 기도하겠습니다."

"하나님, 오늘도 예배를 드립니다. 장난치지 않고 예배 잘 드리게 해주세요. 예수님 이름으로 기도합니다. 아멘."

짧은 기도로 예배가 시작되었는데, 그날은 조금 다른 순서로 예배를 진행했다. 평소 말씀암송과 합심기도 후에 하나님 성품을 찬양하는 것으로 예배를 마쳤는데, 이날은 마치기 전에 갑자기 조이가 내 손을 끌어당겼다.

"아버지, 가운데로 오세요. 아버지를 축복하는 시간을 갖겠습니다."

어색한 상황에 내가 주춤하고 있는 사이에 아이들이 나를 가운데 자리로 밀었다.

"아버지 몸에 손을 얹고 한 사람씩 돌아가면서 축복기도를 하겠습니다."

말이 떨어지자 사 남매가 순서대로 내 몸에 손을 얹은 채로 축복기도를 하기 시작했다. 건강과 사역을 위해, 하나님의 말씀을 잘 전할 수 있도록 기도하는데 구구절절이 하나님께서 아이들 입술을 통해 내게 하고 싶은 말씀을 들려주시는 것 같았다. 나는 아이들 기도 소리에 목이 메었다.

막내가 휴지를 가져와 내 눈물을 닦아주었고, 마지막으로 아내의 기도가 이어졌다. 중간중간에 목이 메는 듯한 아내의 기도에 함께 울고 말았다. 자녀들의 축복으로 세워지는 가정을 이루게 된 감격의 눈물이었다. 오래전부터 마음 한편에 간직하던 가정에 대한 작은 소망이 현실이 된 벅찬 감동과 감사가 밀려왔다.

자녀들과 아내의 축복기도를 마음껏 받은 이날의 가정예배는 잊을 수 없는 예배가 되었다. 끝난 후, 아이들은 잠자리에 들었지만 나는 예배의 여운으로 잠을 이룰 수 없었다. 다음 날도 전날 드린 가정예배 생각이 떠올라 울컥했다. 이십여 년 전 한 목회자를 통해 주신 하나님의 말씀이 어느덧 내 삶에 또 다른 축복의 역사로 이루어져 있었다.

넓은 시야를 가진 아이들

아이들과 다양한 주제로 이야기할 때마다 생활 속에서 얻는 소소한 기쁨이 있다. 대화하다 보면 아이들이 하루가 다르게 생각이 자라고 지식이 깊어지는 걸 알게 된다. 때로는 예상치 못한 아이들의 답변에 부끄러워질 때도 있다. 늘 가르쳐야 할 대상이던 아이들이 어느덧 부모의 스승이 되었다.

하루는 천국이 화젯거리가 되었다.

"천국은 어떤 곳일까?"

온유가 말했다.

"천국을 생각하면 이미 천국이 아닐 것 같아요. 천국은 항상 우리 생각보다 좋은 곳이잖아요."

"오호!"

나는 아이의 기발한 생각을 아낌없이 칭찬했다. 맞다. 천국은 우리가 상상할 수 있는 한계 그 이상의 곳이다. 계시록에서 언급한 것처럼 온갖 보석으로 치장된 곳이 천국이라고 생각할 수도 있지만, 인간이 느끼는 가장 아름다운 걸 표현했을 뿐 천국의 진가는 아무도 모른다.

다만 천국이 천국인 건 하나님의 온전한 다스림과 온전한 예배와 찬양이 있는 곳이기 때문이라 할 수 있을 것이다. 하나님과 직접 함께할 수 있는 곳, 물리적인 아름다움을 초월해 관계의 완전함을 추구할 수 있는 곳이 천국일 것이다.

중요한 점은 천국에 대한 소망이 현실 도피의 수단으로 사용되어서는 안 된다는 거다. 죽어서 가는 천국 이전에 살아서 누리는 하나님나라 또한 우리가 경험해야 할 천국이 아닌가!

온유가 말했다.

"아빠, 엄마가 나이가 들면 세련되셨으면 좋겠어요."

"어차피 천국에 갈 건데 세련되면 뭘 해?"

"어차피 천국 갈 생각만 하고 살면 현실은 아무 의미가 없게 돼요. 크리스천은 천국도 소망해야 하지만 현실에도 집중해야 해요."

내 말에 서슴없이 일침을 가한 온유. 맞다. 우리의 현실은 하나님나라와 분리되어 있지 않다. 지금 현실 속에서 하나님나라를 맛보아 아는 게 이 땅에서부터 누릴 수 있는 천국임을 아이를 통해 배웠다.

어느 날, 사랑이와 동물 이야기를 주고받았다. 사랑이가 어떤 뱀이 귀엽다고 했다. 나는 하와를 유혹했던 뱀이 생각났다. 수많은 과일나무가 있는데도 하나님께서 먹지 말라고 명령하신 선악과를 따먹었던 이유는, 그것이 먹음직도 보암직도 했지만 하와에게 뱀의 유혹이 선악과보다 더 달콤했기 때문이었을 거다.

나는 어릴 때 뱀을 보고 무척 놀란 경험이 있다. 시골길을 걷다 풀숲 사이에서 갑자기 나타난 뱀을 보고는 껑충 뛰어넘어 뒤도 돌아보지 않고 소리를 지르며 도망쳤다. 날름거리는 갈라진 뱀의 혀는 상상만으로도 소름이 돋고 몸서리가 쳐질

정도였다. 그래서 뱀이 세상에서 가장 싫고 징그러운 동물이었다.

"사랑아, 아빠는 뱀이 너무 싫어! 뱀 혀가 얼마나 징그러운지 알잖아?"

얼굴이 찌푸려졌다. 내 말을 들은 사랑이가 거침없이 한마디 했다.

"아빠가 싫어하는 그 혀로 뱀은 냄새도 맡아요. 뱀에게는 가장 필요하고 중요한 것일 수 있어요. 그리고 아무리 징그러운 모습이라도 동물을 사랑하는 사람에게는 귀엽게 보일 수 있어요."

검색해보니 사랑이 말이 맞았다. 뱀은 시력과 청력이 좋지 않아 혀로 냄새를 맡으며 생존에 필요한 정보를 얻는다고 한다. 냄새를 통해 먹잇감과 천적이 있는 방향을 분별하기 위해 두 갈래로 갈라진 혀를 가지고 있다. 내가 가장 싫어하는 그 혀가 뱀에게는 가장 필요한 감각기관이었다. 내가 징그럽고 위험하다고 생각했던 동물에게도 하나님께서는 생존을 위한 감각기능들을 주신 거다.

편견은 많은 걸 볼 수 있는 안목을 가려 정작 봐야 할 걸 보지 못하게 한다. 그런 장애를 갖고 있으면서도 불편을 느끼지 못하는 편협함이 내게 많음을 깨달았다. 하나님이 창조하신 목적대로 모든 걸 사용하는 그대로를 바라보시는 그분의 시선을 닮았으면 좋겠다.

사랑이에게 동물 그림이 나오는 이야기책을 읽어주었다. 마지막쯤 수십 마리의 동물 그림이 있었다.

"그림책 속에서 어떤 동물을 찾았는지 말해보세요."

나는 이야기의 중요 소재로 나왔던 동물들 외에 다른 동물을 보지 못했지만, 사랑이는 내가 보지 못한 동물을 하나씩 찾아냈다.

그림책 세상에서는 아이가 어른이었다. 아이는 더 넓은 시야로 더 많은 걸 보았다. 책을 읽기에 급급했던 아빠보다 책 속의 그림 하나하나를 허투루 보지 않는 아이의 관찰력이 돋보였다.

살면서 중요하다고 생각하는 것에만 주목하려고 하는 나와 달리 아이의 눈에는 모든 게 관심의 대상인 것 같았다. 내가 정해 놓은 가치에 몰두한 나머지 정작 봐야 할 걸 쉽게 간과하는 내 눈보다 사랑이의 눈이 더 예리했다.

성경에는 수많은 인물이 등장한다. 나는 음지에 파묻혀 있는 인물을 발견하는 데서 오는 즐거움을 느낀다. 노아, 아브라함, 모세, 다윗, 사도 바울 등 성경의 한 시대를 풍미했던 믿음의 사람들이 하나님의 약속을 성취할 수 있도록 그들의 배경이 되어준 사람들이 눈에 들어온다.

아브라함에게는 엘리에셀이라는 늙은 종이, 다윗에게는 요나단이 있었다. 여호수아에게는 갈렙이 신실한 동역자가 되었으며, 사울이 바울이 될 수 있도록 도와준 바나바의 역할도 가볍게 지나칠 수 없다.

그들의 헌신과 희생은 믿음의 선조들만큼이나 크다. 그들의 역할이 눈에 들어오면서 하나님의 시선이 그들에게도 머물러 있음을 깨닫는다.

부모에게도 아이의 가려진 면을 보는 통찰력이 필요하다. 아이가 풀어놓기 싫어하는 고민과 갈등과 아픔을 관찰하고, 그 마음을 만져주며 함께 아파해주어야 한다. 또 아이가 가진 주목 받지 못하는 이면을 살펴보고, 그것에 가치를 심어주면 아이는 다양한 삶의 모습을 소유할 수 있다. 단점도 아이의 일부이기에 관심을 가져야 한다. 열등하다는 걸 지적하기 위함이 아니라 부족함을 보완하고 연약함을 극복할 수 있도록 부모가 도와주기 위함이다.

나는 아이들에게 믿음의 유업을 흘려보내기 위해 그들의 배경이 되어줄 걸 다짐한다. 하나님께서 그런 나를 넓은 시야로 바라보고 계시리라 믿는다.

홈스쿨을 해왔던 온유가 고등학교 진학을 희망했다. 여러 학교를 찾던 중 장학금을 받을 수 있는 크리스천 학교에 가서 면접을 보았다. 그 학교는 부모가 면접에 동참해야 했다.

면접장에 들어서자 학교의 설립자인 유명한 크리스천 회장님이 면접관으로 있었다. 그는 온유에게 가장 존경하는 인물이 누구인지 물었다. 아이는 부모님 외에는 존경하는 인물이 없다고 대답했다. 아이에게 아빠를 존경하는 마음이 있음에 감사했다.

누구보다 가족들로부터 인정받고 있는지가 나에 대한 정확한 평가라고 생각한다. 아무리 남들에게 좋은 평가와 칭찬을 받아도 살을 부대끼며 살아가는 가족에게 인정받지 못한다면 과연 좋은 사람일까?

나는 가정을 이룬 후로 다짐하고 또 다짐했다.

'남들에게 욕을 먹더라도 가족에게는 존경받는 가장이 되어야지.'

그런 내게 꿈같은 일이 기다리고 있었다. 어느 날, 아내에게서 녹음파일과 함께 메시지를 받았다.

"아들, 잘 키웠네요."

무슨 말인가 싶어 보내온 녹음파일을 들었다. 아내가 조이의 진로지도를 하며 대화한 내용이었다.

"아버지가 제 롤모델이에요."

조이의 목소리를 듣는 순간, 감격한 나머지 눈물이 났다. 자녀가 롤모델로 삼을 정도로 훌륭한 삶을 살지는 못했음에도 아빠를 생각하고 존경하는 아들이 고마웠다.

나는 아버지를 롤모델로 삼는다는 말은 상상할 수 없는 환경에서 자랐다. 돌아가신 아버지에 대한 기억을 지울 수 있는 지우개가 있다면 모두 지우고 싶었다. 아버지에게 가정은 언제나 폭력으로 이겨서 정복해야 하는 적이었다. 동네 사람들은 아버지를 좋은 사람이라며 칭찬을 아끼지 않았지만, 정작 아버지가 돌봐야 할 가정은 늘 폭력과 가난으로 찌들었고 두려움이 가득했다.

그런 환경에서 자란 내게 하나님은 믿음의 가정과 믿음으로 자라는 자녀들을 주셨다. 이것만으로도 눈물 나게 감사한데, 아들의 롤모델이 되게 하신 하나님의 은혜가 너무나 컸다. 한편으로는 아들의 고백에 내 역할이 더 무겁게 느껴졌다.

'더 많이 사랑하는 더 좋은 아빠가 되어야지.'

한 번 더 마음을 다잡고 다짐해본다.

온유는 우리 부부가 가장 사랑하는 작가다. 아이는 완성된 이야기나 시를 쓰면 상황과 시간을 가리지 않고 우리에게 읽어준다.

막 잠자리에 들려고 하는데 온유가 다가와 말했다.

"이글은 꼭 들어보셔야 해요."

우리 부부는 온유의 가장 열광적인 팬이 되어 끝까지 경청했다. 그리고 우리가 아이의 첫 번째 팬임을 강조하며 아낌없는 칭찬을 쏟아부었다. 머쓱해진 아이는 "고마워요. 엄마 아빠" 하며 밝은 미소를 머금고 자기 방으로 돌아갔다. 어릴 때부터 책을 많이 읽어주었는데, 어느새 부모에게 자신의 이야기를 들려주고 있었다.

하루는 내게만 읽어주고 싶다며 노트를 들고 다가왔다. 나를 위한 시라고 해서 잔뜩 기대하며 들었다.

"제가요, 아버지를 생각하면서 지었어요. 들어보세요.

제목, 아이와 아버지

내가 더디면 그래서 난 어려진다.

그럴 때 나를 정말 아이처럼 봐주는

사람이 있다.

아버지,

나에게 항상 "잘했어, 괜찮아"

다시 걸음마를 떼게 해주신 당신이다.

아버지 당신은

내가 끊임없이 변했을 때

그 자리에서 언제나

넓은 아버지였다."

나를 향한 애틋함이 느껴졌다. 감동의 여운이 아직 가시기 전에 온유가 말했다.

"제가 아빠를 진짜 사랑하는 걸 어떻게 알 수 있냐면요, 아버지랑 사이가 정말 안 좋을 때도 이 시를 지워버리지 않았어요."

내 얼굴에 저절로 행복한 미소가 지어졌다. 청소년이 된 온유와 잦은 의견 대립으로 관계가 어려울 때는 몹시 괴로웠지만, 아이를 통해 얻는 감동이 그것을 상쇄하기에 충분했다.

내가 모난 모습을 보일 때도 나를 위해 써 놓은 시를 지우지 않았다는 말에 문득 하나님의 지워지지 않는 사랑을 묵상하게 되었다.

늘 곁길에서 기웃거리는 연약하고 못난 나를 향한 하나님의 사랑은 언제나 지워지지 않는다. "날 사랑하심 성경에 써있

네"라는 찬송가 가사처럼 하나님 아버지의 사랑은 감정에 의해 움직이는 사랑이 아니다. 우리를 사랑하기로 결정하신 하나님은 성경에 기록된 사랑을 입체적으로 보여주시기 위해 예수님을 십자가에 내어주셨다. 십자가는 변함없는 하나님의 사랑의 증거다.

온유가 그 하나님의 사랑으로 나를 사랑하고 있었다. 내게 보여준 아이의 사랑이 하나님 아버지를 닮아가고 있어 감사했다.

심비에 새긴 사랑

예배를 마치고 집으로 돌아오는 중에 셀프주유소에 들러 기름을 넣었다. 아이들은 차 안에서 주유하고 있는 나를 보면서 창문을 두드리거나 손짓으로 신호를 보냈다. 하지만 밖에서는 그 모습이 잘 보이지 않아 호응해주지 못했다. 주유를 끝내고 차에 탔더니 웅성거리던 아이들이 조용해졌다.

아내는 조이가 밖에서 주유하는 아빠를 보며 창문에 입김을 불어 손가락으로 쓴 글을 말해주었다.

"당신은 좋겠어요. 조이가 창문에 뭐라고 쓴 줄 알아요?"

그것은 "아버지 사랑해요"였다. 조이의 고백이 지금까지 내가 살아온 날들의 차가운 기억을 모두 녹여주는 것 같았다.

아이들을 통해 날마다 징검다리처럼 주어지는 행복한 작은 일들이 일상을 살아가는 동안 큰 힘이 된다.

나를 행복하게 하는 건 아이들의 재능이나 선물이 아니다. 진솔한 마음을 표현하는 한마디다. 그것이 내 삶에 기적을 선물한다. 조이 입김으로 만든 사랑의 고백이 내 마음에 생기를 불어넣었다. 마치 하나님께서 아담의 코에 생기를 불어넣어 주셨던 것처럼.

아이들이 부모의 사랑을 먹고 자라는 것처럼 부모도 아이들의 사랑을 먹고 산다. 자녀가 부모를 통해 하나님 아버지의 사랑을 경험하는 것처럼 부모 또한 아이들을 통해 그 사랑을 깨닫는다. 점점 서로 하나님의 사랑을 경험하는 통로가 되어간다.

조이가 쓴 사랑의 고백은 금방 사라지고 말았지만, 내 심비에 새겨져 지워지지 않고 남아있다. 시간이 흘러도 마음이 따뜻해지는 이유다.

아빠의 뒷모습

몇 개월 전부터 가슴 통증이 심하고 조금만 걸어도 통증이 온몸에 전달되었다. 가까운 대학병원에서 검사를 받아보니 심장의 큰 혈관이 막혔고 작은 혈관을 통해 공급되는 피로 인해 살아있다는 소견을 들었다.

의사가 상태의 심각성을 고려해 당장 시술을 권해서 바로 입원했다. 코로나가 한창이던 때라 가족 중 아무도 면회를 오지 못했고, 아내만 간병인 자격으로 내 옆을 지켜주었다. 의사는 머리카락 한 올 지나갈 만큼의 틈만 있어도 막힌 혈관을 뚫을 수 있다고 안심시켜 주었지만, 막상 기계를 넣어보니 작은 틈조차 없이 꽉 막혀 있었다. 무리하게 기계를 넣었다가는 혈관을 다칠 수 있고, 생명의 위협이 있을 수 있다고 했다.

의사가 시술 중간에 인턴을 시켜 아내에게 연명서에 사인을 받을 정도로 쉽지 않은 상황이었다. 보통 한 시간 남짓 걸린다는 시술이 약 두 시간 만에 끝났다. 만일 시술이 잘 안되면 중환자실에 머물면서 다음날 시술을 진행하고, 그래도 쉽지 않으면 큰 병원으로 옮겨 수술해야 하는 상황이었다.

사실 나는 문제의 심각성을 모른 채 두 시간 동안 시술대 위에서 시편 23편만 띄엄띄엄 반복해서 암송하며 평안을 유지했다. 크리스천인 의사는 최선을 다해 시술했고, 하나님의 은혜로 성공적으로 끝날 수 있었다. 의사가 시술이 끝나자마자 내게 말을 건넸다.

"목사님에게 이런 말을 해도 되는지 모르겠지만, 좋은 일을 많이 하셨나 보네요."

불가능해 보였던 시술이 성공적으로 잘 되었다는 의미였다. 하지만 내가 잘나서 하나님께서 생명을 연장해주신 게 아님을 너무나 잘 알고 있었다.

아이들이 보고 싶었다. 매일 집에서 아빠를 위해 기도하는 아이들의 간절한 기도를 들으신 하나님께서 아직 나를 쓰실 일이 있어 살려주신 것 같았다.

예정보다 며칠 더 입원해야 해서 필요한 물건을 조이에게 부탁하고 병원 로비에서 기다렸다. 조이의 키가 벌써 나를 따라잡은 지 오래였다. 아들은 덩치는 크지만, 마음은 언제나 여리고 따뜻하다. 며칠 만에 만나는 아이를 꼭 안아주고는 물건을 챙겨 병실로 올라갔다.

조이가 나와 헤어진 후, 집으로 돌아가는 내내 울었다는 말을 아내에게서 듣고 눈물이 났다. 아내가 조이에게 왜 울었냐고 물으니 내 뒷모습을 본 순간부터 계속 눈물이 났다고 한다. 아들이 아빠의 아픔에 공감할 만큼 성장해서 감사하기도 했지만, 일찍 철이 든 것 같아 왠지 마음이 아팠다.

나도 조이 나이쯤 어머니의 뒷모습을 보고, 들키고 싶지 않아 먼발치에서 한참 운 적이 있다. 아버지가 돌아가시고 얼마 되지 않았을 때, 어머니는 직장에서 늦게 돌아오는 작은누나를 마중 가곤 했다. 산 옆을 밀어 만들어 놓은 시골길이라 가로등이 드문드문 있어 어둡고 위험했다. 버스가 다니는 길까지 한참을 걸어야 하는 어두컴컴한 밤길을 어머니를 따라 걸었다.

하루는 누나를 기다리며 서 있는 어머니의 초라한 등 위로 가로등 불빛이 비취는 걸 보았다. 그날따라 어머니의 뒷모습이 왜 그리 쓸쓸하고 초라해 보였는지, 한참을 흐느껴 울던 기억이 떠올랐다.

사람이 철이 든다는 건, 자기 삶에 파묻힌 채로 살다가 평소 보지 못했던 누군가로부터 받은 은혜를 느끼고 가슴으로 반응하는 거다. 그가 흘리는 눈물을 보고 함께 울고, 나를 위해 아파했던 것처럼 그와 함께 아파하는 것이리라. 나를 위해 희생한 그를 닮아가는 것이리라.

조금 슬프기도 하지만, 철이 드는 것조차 나를 빼닮은 아들이 있어 행복하다. 이제는 나를 살려주신 하나님 아버지 앞에서 조금씩 철이 드는 내가 되길 바란다.

존재와 소유

아이들이 태어날 때마다 나는 세상을 다 가진 듯 기뻤다. 새로운 생명을 만날 때마다 눈물을 흘리며 감격했다. 건강하게 잘 자라기만 하면 바랄 게 없었다. 작은 움직임조차 신기하고 때론 경이롭기까지 했다. 어린 생명을 내 배 위에 올려놓으면 아이의 심장박동이 내게 전달되는 느낌 자체로 하나님께서 만드신 생명의 신비가 놀랍기만 했다.

하지만 아이들이 자라고 시간이 지날수록 아이들에 대해 기대하게 되었고, 이것이 아이를 통해 얻는 기쁨을 점점 빼앗아 갔다.

얼마 전, 사랑이와 시온이가 열심히 무언가를 오리고 붙이면서 놀고 있었다.

"사랑아, 일과는 다 마치고 노는 거야?"

"아직요."

"그럼 먼저 할 일 다 하고 마음껏 놀아야지."

아이들은 남아있는 일과를 채우기 위해 자기 자리로 돌아갔다. 시간이 조금 지나 사랑이가 다가오더니 아무 말 없이 내게 작은 물건을 건네주었다. 테이프를 잘라 붙여 놓은 동전만 한 작은 봉투였다.

봉투를 열어보니 편지에 작은 하트 그림과 함께 '아빠 사랑해요'라고 적혀있었다.

"아빠에게 드리려고 이걸 만들고 있었어요."

편지를 읽는 순간, 미안하고 부끄러웠다. 아이를 대할 때

존재 자체에 집중하기가 점점 어려워지는 나. 아이가 무엇을 하고 있는지에 더 많은 관심을 두는 것 같아 왠지 씁쓸한 마음을 지울 수 없었다.

편지를 보며 아이와 내가 너무 다른 눈으로 서로를 바라보고 있음을 깨달았다. 아빠가 놓지 못하는 것 때문에 아이라는 존재의 무게를 너무 쉽게 잊었던 거다. 부모라면 공부를 포함해 아이의 장점을 발견하고 그것을 발전시킬 수 있도록 계속 지도해야 하는 게 맞지만, 어느 순간 아이는 없고 아이가 가진 것에만 관심을 두게 되었다. 존재가 가진 것들에 가려져 하나님의 형상을 닮은 아이는 점점 희미해져 가고 있었다.

물론 아이가 하나님의 사명을 감당하고 또 행복한 인생을 살길 바라는 마음에서 비롯되었다고 생각할 수도 있지만, 내 내면에는 더 추악한 목적이 있었다. 아이가 가진 재능을 통해 내 목적을 이루려는 욕심.

자녀가 세상에서 살아가기 위해 탁월한 재능을 하나쯤 계발시켜 주는 게 부모의 역할이지만, 그 이전에 아이에게 관심을 두고 마음을 쏟아야 한다. 이스라엘을 택하셨던 하나님처럼 말이다.

여호와께서 너희를 기뻐하시고 너희를 택하심은 너희가 다른 민족보다 수효가 많기 때문이 아니니라 너희는 오히려 모든 민족 중에 가장 적으니라 여호와께서 다만 너희를 사랑하심으로 말미암아, 또는 너희의 조상들에게 하신 맹세를 지키려 하심으로 말미암아 자기의 권능의 손으로 너희를 인도하여 내시되 너희를 그 종 되었던 집에서 애굽 왕 바로의 손에서 속량하셨나니 신 7:7,8

하나님께서 이스라엘을 택하신 이유는, 그들의 조건 때문이 아니었다. 그들은 작고 볼품없는 민족이었다. 그런데도 그들을 택하신 이유는 하나님의 사랑 때문이었다. 하나님께서 이스라엘의 조건과 상관없이 사랑하신 것처럼 아이가 가진 것에서 시선을 내려놓아야 비로소 아이가 보이기 시작한다.

아이를 향한 내 욕심과 관심을 내려놓을 때, 그것에 가려 보이지 않던 아이가 다시 눈에 들어온다. 있는 모습 그대로 나를 사랑하시는 하나님 아버지처럼 아이들을 바라보는 아빠로 살아야겠다고 다짐해본다.

따뜻한 손

사랑이는 아빠와 놀이터에 가는 걸 좋아했다. 아이가 제일 좋아하는 그네를 한참 타다가 추웠는지 내게 다가와 손을 꼭 잡았다.

"아, 따뜻하다. 아빠는 아빠 손이 따뜻하게 느껴져요?"

"아니, 아빠는 차가운 사랑이 손이 느껴지는데?"

"저는 아빠 손이 따뜻한데요."

사랑이는 내 온기에 추위를 잊은 것 같았다. 사랑은 내가 가진 온기를 상대에게 전달하는 거다. 부모는 자녀의 삶에 온기를 주기 위해 자신이 식어가는 걸 감내한다. 그것이 부모의 희생적 사랑이다. 비록 내 온기는 사라지지만 그것을 받은 자녀의 삶은 따뜻해질 것이다.

차가운 내 영혼을 예수님의 피 묻은 손으로 잡아주셨기에 나도 그분의 온기로 하루하루를 살아가고 있다.

시간이 흘러 꼬마였던 사랑이가 십 대 소녀가 되었다. 아이들과 집을 나서는데 날이 싸늘해서 옷을 여미고 길을 걸었다. 사랑이가 내게 다가왔다.

"아빠, 제가 손잡아 드릴게요."

"사랑이 손이 따뜻해서 참 좋구나."

"추우면 언제든지 말해주세요. 제가 손잡아 드릴게요."

따뜻한 손을 통해 아이의 포근한 마음이 느껴졌다. 손이 점점 차가워졌지만 사랑이는 내 손을 놓지 않았다. 아이는 내가 주었던 온기를 다시 내어주었다.

아이들과 차를 타고 이동하는 중이었다. 아이들은 뒷자리에서 찬양을 불렀다. 평소에 자주 듣는 은혜로운 찬양이었다. 어린아이들과 젖먹이들의 입으로 권능을 세우신다는 말씀이 우리 가정에서 아이들을 통해 성취되고 있었다. 아이들은 목청 높여 불렀다.

"우리 때문에 생명 주셨고 우리 때문에 고통당하셨네~"

아이들은 장난기가 발동했는지 가사를 바꿔 부르기 시작했다.

"아빠 때문에 십자가 지셨고 아빠 때문에 고통당하셨네~"

장난스러운 찬양이었지만 내 눈이 촉촉이 젖었다. 나를 위해 돌아가신 예수님의 십자가 사랑이 느껴져 가슴이 먹먹했다. 십자가의 복음은 아빠인 내게 더 필요했다.

언제부터인지 냉랭한 가슴으로 하나님의 사랑을 아이들에게 전하려던 내 마음이 무너져 내렸다. 아이들에게 들려주어야 할 복음을 아이들한테서 듣고 있었다.

아빠에게 복음을 들려주고 싶어 의도하고 부른 찬양은 아니었지만, 하나님께서는 아이들을 통해 차가운 내 마음을 녹여주셨다. 내 삶의 기준이 흐트러지지 않도록 다시 십자가로 나아가기 위해, 복음은 한 번만 듣는 게 아닌 매일의 삶 속에서 듣고 또 들어야 한다.

나는 오늘도 아이들의 입술로 들려주시는 찬양으로 다시 예수 그리스도의 복음 앞에 선다.

두려움 때문에 아빠를 찾는 아이

온유는 아이들 중 두려운 감정을 가장 많이 겪었다. 밤마다 현관문을 확인해야만 안도하며 잠자리에 들어갔다. 아이가 가장 두려움을 느끼는 시간은 잠자리에 들어갈 때부터 시작되었다. 잠들기 전까지 온갖 생각과 상상으로 가장 치열한 영적인 전투를 치렀다. 힘든 싸움 끝에 밤마다 내게 달려왔다.

"아빠, 기도해주세요."

나는 아이가 어떤 감정을 느끼고 있는지 눈치채고 아이 머리에 손을 얹고 기도했다. 두려움이 물러가고 하나님의 평안으로 마음을 채워달라고 간구하면, 아이는 다시 자기 방으로 돌아가 잠을 청했다.

두려움은 누구나 느낄 수 있는 감정이다. 나도 어릴 적에 온유처럼 밤마다 그랬다. 이불을 덮으면 이불 밖으로 나와 있는 팔과 다리를 누군가가 와서 큰 칼로 잘라버릴 것 같은 공포감에 이불 속에서 꼼짝달싹하지 못하고 잠들어야 했다. 공포와 두려움 때문에 달려갈 만큼 아빠와 친밀하지도 않았고, 신앙이 없었던 어린 시절이라 하나님을 찾지도 못했던 기억이 떠올랐다.

나는 밤마다 찾아오는 아이에게 말했다.

"아빠도 네 나이 때 똑같이 그랬어. 두려움은 누구나 겪는 거야."

자신만 겪는 어려움이 아님을 확인하자, 아이 표정이 밝아졌다.

성경에는 두려움이 섭리가 된 사례가 여럿 나온다. 모세에 이어 이스라엘의 지도자가 된 여호수아와 가나안의 두 정탐꾼을 도운 기생 라합과 거짓 진술로 여호수아에게 항복한 기브온 족속이 대표적이다. 우리가 잘 아는 종교개혁을 이끈 칼뱅도 파렐의 저주에 대한 두려움 때문에 종교개혁에 동참하게 되었다고 한다.

어쩌면 두려움 자체는 형벌일 수 있다. 하지만 그런 감정을 느낄 때, 어떻게 해석하고 선택하는지에 따라 두려움이 섭리가 될 수 있다. 두려움을 해결하는 방법은 올바른 방향을 찾는 것이다. 하나님은 때론 두려움을 통해 우리를 섭리의 길로 몰아넣으시기 때문이다.

두려움 때문에 아빠를 찾는 아이처럼 인생의 문제 앞에서 하나님 아버지께 달려갈 때, 두려움은 섭리가 된다. 아이 인생에 또 다른 두려움의 문제가 찾아올 것이다. 그때마다 아이가 달려갈 하나님이 계셔서 참 좋다.

조이의 전화

지인의 결혼식이 있어 경북 안동을 방문하기 위해 전세버스에 몸을 실었다. 서울에서 안동까지는 생각보다 멀었다. 토요일이라서인지 정체가 심해 한참 만에 예식장에 도착했다.

결혼 예식이 끝나고 다시 서울로 올라가려니 막막했다. 간밤에 잠을 설쳐서인지 종일 몹시 피곤했다. 버스에 타자마자 잠이 들었다가 휴게소에서 깼다. 반쯤 왔나 싶어 도착시간을 보니 달려온 시간보다 두 배는 더 가야 했다.

잠깐 휴식을 취하려고 버스에서 내렸는데 때마침 전화가 왔다. 조이였다.

"아빠, 언제와요?"

"밤 아홉 시는 넘어야 도착할 것 같아."

오후 다섯 시 반을 지나고 있을 때였다.

"그렇게 늦게 와요?"

"아빠가 걱정돼서 전화했어?"

"걱정은 아니고, 기다리다가 언제쯤 오시는지 알고 싶어서 전화했어요."

걱정은 아니라고 했지만 내가 기다려졌던 거다.

"그랬구나. 큰아들이 아빠가 늦는다고 전화도 해주고 아빠는 행복하네."

"네, 아빠."

목소리에서 멋쩍어하는 모습이 느껴졌다. 한 통의 통화로 참 멀고 지루한 시간이 될 것 같던 길이 전혀 지루하지 않고, 가족을 볼 수 있다는 기대로 더 이상 피곤하지 않았다. 나를 기다려주는 아내와 아이들이 있음에 감사했다.

조이는 내게 전화를 자주 하는 편이다. 외출하고 돌아올 때나 동생 때문에 기분이 상할 때도 전화해서 주절주절 말하며 기분을 풀곤 한다. 그 흔한 사춘기 징후가 보이지 않을 만큼 살가운 아들이다. 조이와 아직 소통된다는 게 다행스럽고 고마웠다.

청소년 시기에 가장 힘든 부분이 부모와 단절이라고 하는데 지금까지는 끈끈한 유대감이 단절에 틈을 내주지 않아 감사할 뿐이다.

만약 다시 태어날 수 있다면

아이들과의 대화는 언제나 시간 가는 줄 모른다. 이전에는 내가 질문을 많이 했다면 요즘은 부쩍 커버린 아이들이 궁금한 게 있으면 쉬지 않고 질문한다. 가끔 예상 밖의 질문에 당황스럽기도 하지만, 순발력 있는 답변으로 오해를 불식시키기도 한다.

한번은 대화가 무르익을 쯤, 조이가 뜻밖의 질문을 했다.

"아빠는 다시 태어나도 엄마랑 결혼할 거예요?"

"당연하지. 아버지는 백 번 태어나도 엄마랑 결혼할 거야."

"나는 아빠 같은 남자 만날 거예요."

고맙게도 두 딸이 서로 경쟁하듯 아빠 같은 남자를 만날 거란다.

옆에 있던 조이가 말했다.

"엄마가 그랬어. 아빠 넘보지 말라고, 아빠 같은 남자는 한 사람밖에 없다고."

"아냐, 아빠는 한 사람밖에 없지만, 아빠 같은 남자는 또 있을 거야."

옥신각신하는 아이들의 대화가 다툼으로 번질까 싶어 분위기를 가라앉히고는 물었다.

"너희는 꼭 좋은 배우자 만나야 해, 알았지? 그러려면 어떻게 해야 할까?"

내심 '내가 먼저 좋은 사람이 되어야 해요'라는 답변을 기대했다. 사랑이가 말했다.

"기도해야 해요."

아빠보다 생각이 깊은 사랑이를 칭찬하자 막내 시온이가

말했다.

"사귀어야 해요!"

막내가 툭 던진 말에 모두 박장대소했다.

크리스천인 우리는 이 땅의 인생이 단 한 번뿐임을 잘 알고 있지만 아이들은 장난스러운 질문을 자주 했다. 그때마다 확신 있는 내 대답으로 엄마에 대한 아빠의 사랑을 확인했다. 내게 천 번의 인생이 다시 주어진다 해도 나는 아내를 만나고 싶다.

어느 날 온유에게서 잊을 수 없는 말을 들었다.

"만약 다시 태어날 수 있다면, 다시 엄마 아빠 아들이 되고 싶어요."

자녀에게 받은 칭찬 중 이보다 더 큰 칭찬이 있을까! 가슴이 벅찼다. 우리에게 자신이 할 수 있는 최고의 표현으로 고마움을 표현했다. 아이가 만족할 만큼 필요를 채워주거나 학원에 보내거나 과외를 시켜주지는 못했다. 유명 브랜드 옷이나 신발도 제대로 사주지 못하는, 세상의 눈으로 보면 0점짜리 부모다. 더군다나 교회를 사임하고 반지하에서 사는 현실에서 아이의 이 고백은 우리에게 충분히 감동을 주고도 남았다.

온유는 우리에게 가장 많은 기도 제목을 안겨주기도 하지만, 가장 많은 웃음과 즐거움도 선사해준다. 오손도손 모일 때마다 가족의 웃음소리는 대부분 온유의 통쾌한 언변과 유쾌한 몸동작에서 시작될 때가 많다. 기발한 아이디어로 우리를 놀라게 하기도 한다. 그런 아이가 이번에는 잊을 수 없는 말로 감동을 준 것이다.

내가 말해주었다.

"우리도 만약 다시 태어나 부모가 된다면 온유의 부모가 되고 싶단다."

아빠가 있어서 감사하지?

아이들이 다툴 때면 내게 와서 이르기 시작한다. 자초지종을 들어보면 각자 잘못한 일은 없고 상대에게 잘못을 떠넘긴다. 그때마다 솔로몬처럼 문제를 해결할 지혜가 필요하다. 하지만 아이들 말만 듣고 시시비비를 가려내기가 쉽지 않아 난감하다.

나는 각자의 말을 들은 후, 크든 작든 서로에게 잘못이 있음을 말해주고 서로를 위해 기도하게 한다. 상대의 잘못을 들추는 기도가 아니라, 내가 먼저 예수님처럼 용서하겠다는 다짐의 기도를 드리도록.

한번은 온유와 사랑이 사이에 다툼이 일어났다. 아이들은 억울하다며 내게 달려왔다. 아이들의 말만 듣고 한쪽에 죄를 몰아줄 수 없는 상황이었다. 이번에는 조금 다른 방법으로 마음을 달래주었다.

"너희가 이렇게 달려와 이를 수 있는 아빠가 있어서 감사하지 않니?"

"맞아요!"

아이들은 억울함을 들어줄 아빠가 있는 것만으로 마음이 풀려 언제 그랬냐는 듯 내게 달려온 이유를 잊고 밝은 얼굴로 돌아갔다. 간단하게 상황이 종료되었다. 아이들의 문제가 아빠라는 존재만으로 해결되었다.

나도 힘든 일을 당해 힘에 부칠 정도로 어려우면 하나님 아버지 앞에 달려가 탄식하며 부르짖는다. 상황은 변함이 없고, 여전히 문제는 해결되지 않았지만, 하나님 아버지께서 주시는 평안함이 내 안에 있는 모든 근심을 몰아내고도 남는다. 하나님께 달려갈 때 이미 문제는 더 이상 문제가 되지 않는다. 하나님이 계신 것만으로 다시 살아갈 힘을 얻을 수 있어 감사하다.

아이들이 어렸을 때, 아내는 알람을 맞춰놓고 아이들을 한 명씩 꼭 안아주었다. 매일 일정한 시간에 울리는 알람 소리에 아이들의 심장과 엄마 아빠의 심장이 서로의 안부를 확인했다. 알람 소리를 듣고 달려온 아이를 꼭 끌어안고 좌우로 몸을 흔들어주면 밝은 표정으로 제자리로 돌아가 놀이를 다시 시작했다.

아이들을 일일이 안아주는 게 쉬운 일은 아니었다. 급한 일이 있거나 몸이 좋지 않을 때는 울리는 알람이 야속하기도 했다. 하지만 아이들과의 약속이기에 힘들어도 매일 안아주는 시간을 지켜나갔다.

지금은 나보다 더 큰 조이와 온유에게 내가 안기곤 한다. 가끔 두 팔을 벌리고 안기라고 하면 조금 쑥스러워하면서도 아빠를 꼭 안는 착한 청소년들이다.

막내 시온이는 하루에도 몇 번씩 다가와 말한다.

"아빠, 저 충전이 필요해요."

그러고는 나를 꼭 끌어안는다. 마지막에는 몸에 힘을 주며 "이제 다 충전됐어요" 하고 가버린다. 잠시 후 다시 충전이 필요하다고 달려오는 아이를 한참 동안 안아주었다. 어느새 내 안이 아이의 사랑으로 충전되었다.

포옹은 수많은 효과가 있다고 한다. 그중 가장 큰 효과는 서로가 충전되는 거다. 서로의 마음이 하나가 되고 말하지 않아도 사랑의 공간을 가득 채울 수 있다. 부모가 아이에게서 채워지고, 아이는 부모에게서 채워진다. 부모의 사랑과 신뢰가 채워진다. 감성과 감동이 서로에게 채워진다.

바라기는 부모의 따뜻한 품을 통해 하나님 아버지의 너른 품을 가늠하며, 아이의 심장 소리를 들으시는 하나님의 품을 느꼈으면 좋겠다. 언제나 달려가도 두 팔 벌려 안아주시는 하나님 아버지의 사랑을 알아가길 소망한다. 품에 안기는 아이를 통해 분명 하나님 마음도 충전될 것이라 믿는다.

식탁의 은혜

우리 가정에서 함께하는 가치를 실현하기 위한 가장 중요한 우선순위는 가정예배이고, 그만큼 늘 지켜내는 시간이 함께하는 식사 시간이다. 가족을 위해 정성스럽게 준비한 아내의 수고와 헌신으로 행복한 밥상공동체에 참가한다.

다른 시간은 아이들을 기다려주지만, 식사 시간에는 개개인이 철저하게 제 시간에 식탁 앞에 모여야 한다. 밥상 앞에서 가족을 기다리게 하는 건 용납하지 않는다. 아이들은 돌아가며 기도할 때마다 식탁을 준비하느라 수고한 엄마와 농부들을 위해, 그리고 굶주린 아이들에게 빵과 복음이 함께 전해지길 위해 기도한다. 또한 우리 가정이 후원하는 아이들을 위해 축복하며 식사 기도를 마친다.

식사와 동시에 각자 이야기보따리를 풀어놓는다. 서로의

말에 귀를 기울여 듣고 함께 웃어준다. 가끔은 선을 넘는 일이 발생하고 분위기가 험악해지기도 하지만, 대부분은 서로에게 무장해제하고 다양한 주제로 대화의 꽃을 피운다.

한참 대화가 무르익을 즈음, 문득 내 어린 시절의 기억이 떠올랐다. 불행한 과거의 기억과 현실이 겹치면서 눈물이 나올 것 같아 꾹 참았다.

사 남매 중 막내로 태어난 내 기억을 아무리 뒤져봐도 여섯 식구가 단 한 번도 같은 식탁에 앉아서 밥을 먹은 적이 없다. 명절에 친척이 모두 모였을 때도 아버지는 술에 취해 고주망태가 되어 함께 식사하지 않았다. 우리 형제들에게 오손도손 온 가족이 모여앉아 대화를 나누는 일은 상상할 수 없는 풍경이었다.

나도 여섯 식구를 이룬 지금, 식탁 앞에서 갑자기 소환되는 과거의 기억을 아이들에게 들키지 않기 위해 몰래 눈물을 닦았다. 누군가에게는 너무나 당연한 일상이지만, 내게는 이 순간이 오랫동안 기도한 응답이었다.

요즘에도 식탁에 모여 앉은 아이들 앞에서 목울대가 묵직해질 때마다 눈물을 숨기기 위해 딴청을 부리곤 한다. 온 가족이 한 식탁 앞에 앉아있는 것과 믿음 안에서 대화가 이루어지는 상상할 수 없던 일이 익숙해지지 않길 기도할 뿐이다.

온 가족이 함께하는 식탁 앞에서 남몰래 흘리는 눈물은, 불행한 내 삶을 '행복'으로 보상해주신 하나님의 은혜에 대한 감사의 표현이다.

식탁의 은혜는 주제의 경계를 무너뜨리는 다양한 이야기들이다. 아이들과 함께한 시간에 스며있는 즐거운 화젯거리가 점점 쌓여갔다.

하루는 빨리 와서 앉으라며 다 차려진 밥상 앞에서 투덜거리는 온유에게 불평하는 이유를 물었더니 배가 고파서 그렇단다. 그런데 아이가 갑자기 태도를 바꾸어 불평을 멈추고는 뜬금없이 질문했다.

"아빠, 아프리카 사람들은 왜 불평하지 않죠?"

어려운 처지에 있는 아프리카 사람들은 불평하지 않는다고 했던 내 말을 기억하는 것 같았다.

"온유야, 사람이 왜 불평하는지 아니? 가져봤기 때문에 불평하는 거야. 하루 세 끼를 먹어봤기 때문에 한 끼라도 굶으면 불평하잖아. 이스라엘 백성이 광야에서 불평한 건 애굽에서 고기와 마늘을 먹어봤기 때문에 그런 거야. 아프리카 사람들은 마음껏 먹어보지 못해서 한 끼만으로도 불평하지 않아."

온유가 그런 것 같다며 내 말에 동의했다. 그러고 보면 불평은 가져본 사람만의 특징인 듯하다. 욕망을 채울 수 있는 세상의 가치는 아무것도 없기에 늘 결핍과 소유본능에 무릎을 꿇고 살아간다.

아이들은 밥상 앞에서 불평보다는 감사를 배운다. 그리고 나는 감사의 열매가 복음과 빵이 필요한 세상의 모든 사람에게 자신의 것을 나눔으로 맺어질 수 있음을 가르치지만 아직 먼 것 같다.

불평이 가진 사람들의 부정적인 반응이긴 하지만 굶주리는 사람들에게 불평거리가 있었으면 좋겠다고 생각해보았다. 또 무엇인가 더 얻을 수 있는 여유가 있다는 증거이기 때문이다. 불평하는 건 어쩌면 사치스러운 삶을 증명하고 있는 건 아닌지 아이들이 생각해보았으면 좋겠다.

하루는 식사할 때가 되었는데 엄마가 외출 중이었다. 조이가 팔을 걷어붙이고 아빠와 동생들을 위해 열심히 식사를 준비했다. 평소에도 음식 만드는 걸 좋아해서 종종 가족을 위해 준비하곤 했다. 조이는 치킨 너깃을 튀겨서 나눠주었다.

"아빠는 제일 크니까 여섯 개, 나랑 온유는 그다음 크니까 다섯 개, 사랑이와 시온이는 네 개씩이야."

시온이가 갑자기 울상이 되어 내게 와서 일렀다.

"아빠, 오빠들은 많이 먹으면서 저는 적게 줘요."

오빠의 배분 방식을 불공평하게 느꼈는지 불만이 터졌다.

시온이는 가족 중 가장 작고 어리지만, 욕심은 누구보다 크다. 아이의 모습을 보며 좀 더 깊은 생각을 하게 됐다.

하나님께서 각 사람에게 맞는 은사와 은혜를 주셨지만, 더 받고 덜 받은 것에 초점을 맞추면 하나님의 은혜가 점점 흐려진다. 내게 주신 은혜는 남들과 비교해서 커지거나 작아지지 않는다. 하나님이 주셨기에 무엇과도 비교할 수 없이 가치가 있다.

넉넉하게 받은 것은 그저 누리라고 주신 게 아니라 넉넉하게 나누라고 주신 거다. 주님이 가르치고 몸소 실천하신 것처럼 타인에게 사랑을 베풀라고 주신 것이다.

투덜거리는 시온이에게 내 몫을 떼어 나누어주었다. 그제야 아이 얼굴에 웃음꽃이 피었다. 아이들은 식탁에서 나눔의 법칙을 배운다. 부모는 밥상머리 앞에서 나눔의 행동으로 본을 보여야 한다. 더 먹겠다고 투덜거리는 아이의 목소리는 여전하지만, 나누어주는 부모의 모습을 떠올리며 언젠가는 아이들이 받은 은혜를 쌓아두기만 하지 않고 자신의 창고를 열어 세상을 살리게 될 것이다.

시온이가 내게 너깃 하나를 다시 건네준다. 아이들은 밥상머리 앞에서 흐르는 사랑에 눈을 뜬다.

한 날은 식사 전, 형제가 신경전을 벌이는 바람에 마음이 편치 않았다. 화가 나서 언성을 높여가며 타일렀다. 긴장이 조금 가라앉았지만, 여전히 기분이 풀리지 않은 채 식탁에 앉았다. 아이들은 마음 상한 나는 아랑곳하지 않고 밥상 앞에서 엄마가 만든 오징어채 반찬을 집어 들고 장난치기 시작했다.

"이건 사람 모양."

"이것 봐, 기린 모양이야."

내 눈에는 아무 모양도 아니었다. 그때 조이가 젓가락으로 멸치 반찬을 집어 들고 쑥 내밀며 말했다.

"아빠, 자세히 보세요. 멸치들이 째려봐요."

"이게 째려보는 거니? 아빠를 사랑스럽게 지긋이 쳐다보는 거지."

조이가 웃으면서 말한다.

"아니에요. 멸치가 왜 볶았느냐며 째려보는 거예요."

아이 말을 듣고 보니 멸치들이 정말 작은 눈으로 나를 노려보는 것 같았다. 장난스러운 아이들 덕에 내 마음이 풀렸다. 내가 생각보다 단순하다는 걸 아이들은 너무 잘 알고 있다.

밥상 앞에서 대화의 소재는 다양하다. 아이들은 자기가 보고 듣고 경험한 걸 여과 없이 말한다. 있었던 일을 과장하지도 않는다. 뭐든 자신의 관점을 가지고 말하지 않고 사실 그대로를 대화의 주제로 가져온다. 대화의 중심에 서는 경우가 많은 온유가 대화의 물꼬를 텄다.

"아기를 버리는 부모가 있대요."

"그래? 어디서 들었는데?"

"엘리베이터 모니터에서 봤어요."

나는 아이에게 되물었다.

"그 부모가 왜 아이를 버렸을까?"

"왜요?"

"사랑이 없어서 그런 거야."

대화의 주제가 제법 무거워지자 사랑이가 끼어들었다.

"저요? 제가 없어요?"

"아니, 사랑이가 없으면 아빠는 어떻게 하라고?"

"그렇죠. 사랑이 없으면 안 되죠. 왜냐하면 사랑이는 존귀한 하나님의 딸이니까요."

무거운 분위기가 반전되어 모두 한바탕 웃었다.

안타깝게도 이런 일이 종종 매스컴을 통해 회자된다. 생명을 낳았지만 책임질 수 없거나 자신의 미래에 걸림돌이 될 것같아 영하의 날씨에도 밖에 아이를 유기한다. 그 이유를 사랑의 부재로만 단정할 수 없는 수많은 사연이 있음을 안다. 그러나 정말 사랑한다면 버리지 않았을 거다. 고아와 같은 자기백성들을 아들과 맞바꿀 정도로 지켜내시는, 절대 포기하지 않는 게 하나님의 사랑이듯 말이다.

나는 아이들이 포기하지 않는 하나님 아버지의 사랑을 가슴에 품고 신뢰하는 자녀로 자라길 바란다. 말세에 식어가는 사랑의 세대에서 벗어나 누구보다 뜨거운 사랑의 사람으로 쓰임 받기를 기도한다.

느리지만
바른 방향

늦은 삶은 계속 이어졌다. 마흔에 신학을 시작하여 마흔여 섯에 겨우 목사가 되었다. 돌아와도 참 많이 돌아온 셈이다. 늦깎이 대학생과 신학도, 그사이에 경험한 수많은 실패도 모두 하나님께서 나를 향하신 목적을 완성하기 위한 퍼즐의 한 조각이었다.

결혼 구 년 차, 서른의 끝자락에 '신학'이라는 소명 앞에 순종해야 했다. 배 속에 있는 막내까지 여섯 식구의 먹고사는 문제를 뒤로하고 일 년 동안 신대원 준비를 했다. 경제적 압박감을 감수하면서 신대원 준비에 뛰어든 남편을 위해 아내는 매일 도시락을 두 개씩 싸주었다.

돈이 떨어지면 보험을 하나씩 해지하며 생활비를 보충해야 했다. 손해가 컸지만 어쩔 수 없는 선택이었다. 아내와 나는 그나마 깰 수 있는 보험이라도 있어 감사하며 서로를 위로했다. 이전에는 유난히 가을을 많이 탔지만, 가을을 느낄 수 없을 정도로 정신없이 신대원 입학을 준비했다. 입학을 위해 공부해야 한다는 일념밖에 없었다.

늦은 나이에 신학을 하겠다며 코피 흘려가며 공부에 뛰어든 가장으로 인해 가족은 참 많이 인내해야 했다. 그런 나를 하나님께서 불쌍히 보시고 스터디그룹과 좋은 동역자를 만나게 해주셔서 체계적인 공부를 할 수 있었다.

그해 나는 신대원에 입학했고, 어려운 형편이었음에도 무사히 졸업하고 목사가 되었다. 멀리 돌아온 길이지만 후회하지 않는다. 느리지만 이 방향이 맞다고 믿는다. 하나님은 절대 실수하는 분이 아니시기 때문이다.

나란 존재는 항상 밀어 넣어야 한 발짝 내디딘다. 신학을 시작할 때도 그랬다. 사실 사명보다는 하나님의 부르심이 두려워 신학교에 들어갔다. 힘든 시간이 분명히 있을 거라는 예상이 너무 뻔해 순종하기 싫어 뒷걸음쳤지만, 하나님께서는 그런 내가 자연스럽게 순종하여 환경과 상황을 받아들일 때까지 기다려주셨다.

말씀심는교회를 개척하기 전 많은 교회에 청빙 지원했지만 받아주는 곳이 없었다. 그러나 하나님은 나를 받아주셨다. 개척에 대한 소명을 주신 것이다.

개척해야겠다는 마음을 먹기까지 버티던 내 믿음을 키워주셨고, 말씀으로 권면하셨으며, 여섯 식구가 살아갈 걱정조차 하지 못하도록 초비현실주의자로 만들어주셨다. 교회 개척에 아무 자원이 없었다. 작은 예배당조차 마련할 수 없는 상황에서 개척하려니 막막하기도 했다.

아이들을 위해서는 어떤 일이라도 할 수 있다고 생각했지만 쉬운 일이 아니었다. 우리가 하면 잘할 수 있다는 생각도 없었다. 이 길이 아니길 바라며 개척에 대한 두려움과 막막함 뒤에 숨었다. 오히려 없는 것들을 내세우며 할 수 없는 이유를 찾았지만, 은과 금이 없어도 나사렛 예수 그리스도의 이름이 우리에게 있음을 깨닫게 해주셨다.

베드로가 이르되 은과 금은 내게 없거니와 내게 있는 이것을 네게 주노니 나사렛 예수 그리스도의 이름으로 일어나 걸으라 하고 행 3:6

우유부단하고 의심 많고, 말귀 못 알아듣는 우리를 위해 맞춤처방으로 세심하게 인도하시며 말씀심는교회로 견인해주셨다. 개척을 결단한 후에 여러 곳에서 청빙 제의가 들어왔지만, 이미 마음이 정해진 터라 모두 거절했다. 하나님께서 개척에 대한 믿음을 달아보시는 것 같았다.

교회를 개척하면서 가장 큰 힘이 되는 첫 성도는 아이들이다. 아빠의 동역자로 묵묵히 자신의 역할을 해낸다. 우리 가정은 같은 하나님 아버지를 향해 시선을 두고 매일 예배하고 찬양하며 교회로 지어지고 있다. 아이들과 어릴 때부터 공유했던 복음과 가치가 가정에서 교회로 확장되도록 인도해주신 하나님께 감사를 드린다.

나는 하나님께서 유업으로 주신 아이들(조이, 온유, 사랑, 시온)이 훗날 믿음의 아름다운 가정을 이루어, 아빠 엄마와 함께 드렸던 말씀암송 가정예배로 하나님 아버지를 섬기길 바란다. 그들의 일생을 책임져주시는 하나님 아버지의 한결같은 사랑을 일상에서 경험하며, 그분의 뜻 안에서 기쁨, 기도, 감사, 찬양, 순종(기기감찬순)의 삶을 산다면 아빠로서의 내 사명은 다한 것이리라.

말씀 심는 아빠

초판 1쇄 발행	2023년 5월 31일
지은이	이형동
펴낸이	여진구
책임편집	김아진
편집	이영주 박소영 최현수 안수경 김도연 정아혜
책임디자인	마영애 노지현 | 조은혜 이하은
홍보 · 외서	진효지

마케팅 김상순 강성민   **마케팅지원** 최영배 정나영

제작 조영석   **경영지원** 김혜경 김경희 이지수

303비전성경암송학교 유니게 과정 박정숙
이슬비전도학교 / 303비전성경암송학교 / 303비전꿈나무장학회

펴낸곳   규장

주소 06770 서울시 서초구 매헌로 16길 20(양재2동) 규장선교센터
전화 02)578-0003   **팩스** 02)578-7332
이메일 kyujang0691@gmail.com   홈페이지 www.kyujang.com
페이스북 facebook.com/kyujangbook   인스타그램 instagram.com/kyujang_com
카카오스토리 story.kakao.com/kyujangbook
등록일 1978.8.14. 제1-22

책값 뒤표지에 있습니다.
ISBN 979-11-6504-437-4 03230

규 | 장 | 수 | 칙

1. 기도로 기획하고 기도로 제작한다.
2. 오직 그리스도의 성품을 사모하는 독자가 원하고 필요로 하는 책만을 출판한다.
3. 한 활자 한 문장에 온 정성을 쏟는다.
4. 성실과 정확을 생명으로 삼고 일한다.
5. 긍정적이며 적극적인 신앙과 신행일치에의 안내자의 사명을 다한다.
6. 충고와 조언을 항상 감사로 경청한다.
7. 지상목표는 문서선교에 있다.